우리 아이 **집중력**이 흔들리고 있다

공부와 일상을 넘어 삶의 주인공이 되는 집중력 단련법

우리 아이 **집중력**이 흔들리고 있다

박은선 지음 | 문지현 감수

뜨인돌

Contents

들어가는 글   집 나간 집중력으로 무너지는 일상   8

PART 01 우리 아이 집중력 이해하기

1. 집중력은 무엇일까?   18
- 집중력을 이루는 네 가지 주의력
- 우리 아이 집중력은?   ●● 우리 아이 집중력 테스트

2. 아이들의 집중력을 빼앗는 것들   24
- 아롱이다롱이 기질이 다른 아이들
- 집중력을 빼앗는 다양한 요인들
- ADHD는 신중하게

3. 집중하지 않는다고 오해하지 마라   33
- 아이의 발달 단계를 이해하라   ●● 연령에 따른 뇌 발달 특징
- 아이를 객관적으로 관찰하라

4. 집중력이 단련되는 과정을 이해하라   40
- 습관이 집중력을 지배한다
- 스스로 집중하는 힘
- 집중력에 필요한 요소 – 몸, 마음, 머리, 환경

··· 전문의 상담실 1   48

PART 02 우리 아이 집중력 단련하기

> 몸 : 최상의 컨디션을 유지하라

1. 충분한 수면이 맑은 뇌를 깨운다   58
- 수면 부족은 뇌를 피곤하게 한다
- 집중력 단련을 위한 수면 습관 들이기   ●● 솔루션 ①
  [바로 써먹는 일주일 집중력 단련 워크시트]

2. 운동으로 집중력 근육을 키워라   66
- 운동하면 머리가 좋아진다

⚡ 집중력 단련을 위한 운동 습관 들이기　　⚫ 솔루션 ②
　　　[바로 써먹는 일주일 집중력 단련 워크시트]

3. 건강한 식사가 튼튼한 뇌를 만든다　　　　　　　　　　　　　　73
　　　⚡ 올바른 식습관이 집중력을 높인다
　　　⚡ 집중력 단련을 위한 식습관 들이기　　⚫ 솔루션 ③
　　　[바로 써먹는 일주일 집중력 단련 워크시트]

> 마음 : 집중력의 중심을 세워라

1. 자기 자신을 객관적으로 파악하라　　　　　　　　　　　　　　83
　　　⚡ 메타인지가 집중력을 지배한다
　　　⚡ 집중력 단련을 위한 메타인지 높이기　　⚫ 솔루션 ④
　　　[바로 써먹는 일주일 집중력 단련 워크시트]

2. 자신에게 집중할 때 초집중을 경험한다　　　　　　　　　　　90
　　　⚡ 자기결정성이 초집중을 만든다
　　　⚡ 집중력 단련을 위한 자기결정성 높이기　　⚫ 솔루션 ⑤
　　　[바로 써먹는 일주일 집중력 단련 워크시트]

3. 즐거움이 최고의 집중력을 선사한다　　　　　　　　　　　　　98
　　　⚡ 잘하고 좋아하는 일엔 집중력이 폭발한다
　　　⚡ 집중력 단련을 위한 아이의 재능 강화하기　　⚫ 솔루션 ⑥
　　　[바로 써먹는 일주일 집중력 단련 워크시트]

　••• 전문의 상담실 2　　　　　　　　　　　　　　　　　　　108

> 머리 : 최적화된 뇌를 구축하라

1. 매일 이야기책을 읽어라　　　　　　　　　　　　　　　　　　113
　　　⚡ 복잡한 플롯을 이해하며 길러지는 집중력
　　　⚡ 집중력 단련을 위한 이야기책 읽기　　⚫ 솔루션 ⑦
　　　[바로 써먹는 일주일 집중력 단련 워크시트]

2. 약간 어려운 것에 도전하라　　　　　　　　　　　　　　　　121
　　　⚡ 과제 수준을 조절해야 높아지는 집중력
　　　⚡ 집중력 단련을 위한 적절한 과제 선정하기　　⚫ 솔루션 ⑧

[바로 써먹는 일주일 집중력 단련 워크시트]

3. 싫어하는 일에도 집중해야 한다   129
- ⚡ 싫어하는 일에도 집중하는 힘
- ⚡ 집중력 단련을 위한 자제력 키우기 ● 솔루션 ⑨
- [바로 써먹는 일주일 집중력 단련 워크시트]

> **환경 : 집중력의 효과를 높여라**

1. 스마트폰에서 아이를 구출하라   137
- ⚡ 스마트폰의 주인이 되어라
- ⚡ 집중력 단련을 위한 올바른 스마트폰 사용법 익히기 ● 솔루션 ⑩
- [바로 써먹는 일주일 집중력 단련 워크시트]

2. 정리는 집중력의 시작이다   147
- ⚡ 주변 정리가 집중력을 올린다
- ⚡ 집중력 단련을 위한 정리 습관 기르기 ● 솔루션 ⑪
- [바로 써먹는 일주일 집중력 단련 워크시트]

3. 일의 우선순위를 정하라   155
- ⚡ 일의 우선순위가 하루의 생산성을 높인다
- ⚡ 집중력 단련을 위한 일의 우선순위 정하기 ● 솔루션 ⑫
- [바로 써먹는 일주일 집중력 단련 워크시트]
- ••• 전문의 상담실 3   164

PART 03   부모가 아이의 집중력을 결정한다

> **환경 서포트 : 잠재력이 폭발하도록 지원하라**

1. 조금 부족한 듯 키워라   176
- ⚡ 결핍이 성장의 동력이 된다
- ⚡ 조금 부족한 듯 키우기

2. 일관성 있는 규칙을 고수하라   181
- ⚡ 규칙이 있어야 아이가 편안하다
- ⚡ 일관성 있는 규칙 고수하기

3. 집중력 최적화를 위한 환경을 구축하라   187
- ⚡ 집중할 수 있는 최적의 상태를 유지하라
- ⚡ 집중력 최적화 환경 만들기

4. 적절한 보상으로 집중력에 불을 지펴라   192
- ⚡ 보상이 집중력으로 이어진다
- ⚡ 적절한 보상 활용하기

5. 아이의 휴식을 허락하라   197
- ⚡ 휴식은 집중력을 충전한다
- ⚡ 성장을 위해 아이의 휴식 허락하기

정서 서포트 : 집중력의 바탕을 지지하라

1. 아이의 정서를 먼저 살펴라   204
- ⚡ 심리적 환경에 따라 달라지는 아이들
- ⚡ 정서 발달이 최우선이다 ● 학생정서·행동특성검사 학부모용 설문지

2. 경청과 참여를 부르는 대화를 하라   214
- ⚡ 부모와의 대화는 아이를 행복하게 만든다
- ⚡ 아이와 소통하는 대화 나누기

3. 낙인이 아닌 인정하는 말을 건네라   220
- ⚡ 아이를 성장하게 하는 열쇠는 인정하는 말
- ⚡ 아이를 제대로 인정하는 칭찬하기

4. 아이를 기다리고 끝까지 믿어라   226
- ⚡ 부모의 기다림이 아이를 스스로 자라게 한다
- ⚡ 아이를 믿고 기다리는 부모가 되기

5. 부모가 본보기를 보여라   233
- ⚡ 가장 큰 교육의 효과는 본보기
- ⚡ 부모도 함께 집중력 단련하기

••• **전문의 상담실 4**   237

나가는 글   아이의 집중력은 자라고 있습니다   244

들어가는 글

집 나간 집중력으로 무너지는 일상

⚡

　우리 아이가 수업 시간에 똘망똘망한 눈으로 집중하기를 바라시지요? 학령기 자녀를 둔 부모라면 자신의 아이가 학교에서 산만하게 굴지 않고 선생님 말씀을 잘 따라가길 바랄 것입니다. 하지만 아이들에게 '수업 시간에 집중하기'는 말처럼 쉽지 않습니다.

　아이들을 교육하며 살아온 지난 15년을 돌이켜 보면 요즘 아이들의 집중력이 과거보다 현저히 낮아진 걸 절실히 느낍니다. 학교에 오면 으레 휴대폰을 선생님께 맡기고 수업에 집중했던 일상을 이제는 찾아볼 수 없습니다. 아이들은 쉬는 시간이나 점심시간에 개인용 스마트폰을 비롯해 태블릿 PC

*이 책에서는 '집중력'과 '주의력'이라는 단어를 특별히 구분하지 않고, 비슷한 의미로 사용했습니다.

를 자유롭게 사용합니다. 학습에 필요한 콘텐츠가 아닌, 단순한 재미를 위해 짧은 동영상(쇼츠, 릴스 등)을 보거나 개인 SNS를 하는 경우가 대부분입니다.

이처럼 디지털 기기와 소셜 미디어는 교실 깊숙이 스며들었습니다. 아이들의 집중력을 분산시키는 요소가 교실 안까지 들어와 있다는 뜻이지요. 수업 시간에도 아이들에게 끊임없이 새로운 정보와 자극이 흘러 들어옵니다. 공부에 집중하려고 해도 계속 울리는 알림과 메시지 때문에 주의가 흐트러져 버려요. 단 한 번의 클릭으로 재미가 넘쳐 나는 세상에 들어갈 수 있는데, 재미 없는 공부에 매달리려면 대단한 에너지가 필요합니다.

스마트폰 없이는 못 살아

"어휴, 스마트폰 때문에 매일 전쟁이에요."

아이의 스마트폰 때문에 속이 터지시죠? 아이와 쉽게 연락하기 위해 쥐여 준 스마트폰이지만 이미 전화의 용도를 넘어선 지 오래입니다. 내 아이는 절대 안 그럴 거라고 호언장담했지만, 이제 아이는 손쓸 수 없을 정도로 스마트폰에 빠져 엄마 말은 귓등으로도 안 듣습니다.

아이는 아침에 일어나자마자 스마트폰부터 켭니다. 밥을 먹거나 양치질하는 시간에도 짧은 동영상을 틀어 놓고 보지요. 학교에 가서도 스마트폰 생각에 손이 근질근질해져 쉬는 시간마다 몰래 화장실에 가서 확인하기 일쑤입니다. 방과 후 학원으로 가는 버스 안에서 하는 스마트폰 게임은 꿀같이 달콤합니다. 집에 돌아오면 본격적으로 스마트폰과 하나가 됩니다. 두어 시간을 내리 스마트폰을 봐도 전혀 지루해하지 않아요. 잠잘 때도 스마트폰을 머리맡에 두고 자고, 하루 종일 시끄러운 영상과 소리에 둘러싸여 있습니다. 그렇게 정신없이 하루가 저물어요.

스마트폰이 없으면 아이는 초조하고 불안해합니다. 스마트폰을 수시로 만지고, 잠시라도 손에서 떨어지면 안절부절못해요. 부모가 억지로 스마트폰 사용을 제한하려 하면, 순하던 아이도 갑자기 화를 내며 반항하는 경우가 많습니다. 내 아이만의 얘기가 아니에요. 다른 집 사정도 마찬가지입니다. 스마트폰이 없으면 극도의 불안감을 느끼는 증상을 일컫는 '노모포비아(Nomophobia)'라는 말이 생길 정도니까요. 노모포비아는 나이도 가리지 않습니다. 영유아부터 성인까지, 하루 두세 시간 이상 스마트폰을 사용한다면 누구에게나 노모포비아 증상이 나타날 수 있습니다.

문제는 환경에 쉽게 영향을 받는, 가소성이 높은 아이들의 뇌에 있습니다. 발달 중인 아이들의 뇌는 청소년 시기까지 외부 자극에 민감하게 반응하며 변화합니다. 특히 집중력, 주의력, 의사 결정력을 담당하는 전전두엽이 크게 발달합니다. 이 시기에 스마트폰을 과도하게 사용하면 전전두엽이 제대로 발달하지 못할 수 있으며, 그 영향은 매우 치명적입니다.

스마트폰 속 세상은 아이들에게 모든 것을 갖춘 천국처럼 보입니다. 자극적인 콘텐츠는 단번에 아이들의 관심을 끌어 정신을 쏙 빼놓습니다. 아직 조절력과 자제력이 미숙한 아이들은 어른들보다 쉽게 스마트폰에 중독됩니다. 아이들은 점차 평범한 일상이 재미없어집니다. 결국, 아이들은 단순한 과제에도 몰입하지 못하며, 일상에서 주의를 기울여야 할 이유를 찾지 못합니다. 이는 마치 영양가 있는 담백한 쌀밥 대신, 계속해서 자극적이고 매운 마라탕만 먹는 것과 같습니다.

바빠도 너무 바쁜 아이들

아이의 하루 일과를 떠올려 보세요. 아침에 눈을 뜨자마자 "빨리빨리 세수해" "빨리빨리 밥 먹어" "빨리빨리 학교 가야지"라는 재촉 속에 등 떠밀려 등교합니다. 학교 수업이 끝나면 곧장 학원으로 향합니다. 국어, 영어, 수학, 예체능 등 학원 투어를 하지요. 학원에서는 "빨리빨리 풀어"라는 말을 들으며 기계적으로 문제를 풀기 바쁩니다. 집에 돌아와서도 학원 숙제는 밤늦도록 이어져요. 멍하게 있을 겨를도 없이 하루가 빨리빨리 흘러갑니다. 쉴 시간이 필요한 아이들은 스마트폰을 이불 속으로 가지고 들어가 한동안 영상을 봅니다. 그러다 늦게 잠드는 일이 날마다 반복되지요. 아침에 일어나면 개운하지 않아요. 아이들은 만성 피로와 수면 부족을 달고 살고 있습니다.

아이들이 휴식이라고 여기는 영상은 어떤가요? 대부분 정보 아닌 정보가 담긴 1분 이내의 틱톡, 쇼츠, 릴스 같은 짧은 동영상들입니다. 그마저도 끝까지 보지 못해요. 잠깐 보고 재미가 없다 싶으면 곧바로 다음 영상, 그 다음 영상으로 넘어갑니다. 알고리즘은 사용자의 취향에 맞춰 추천 영상을 끊임없이 제공합니다. 덕분에 별다른 고민 없이, 그저 손가락만 움직이면 무한히 영상을 볼 수 있게 됩니다.

재미를 위해서든 정보를 위해서든, 아이들에게는 책보다 유튜브 같은 영상 매체가 훨씬 편하게 느껴집니다. 하지만 10분짜리 영상도 길게 느껴 집중하지 못합니다. 2배속으로 돌려 가며 보고 싶은 것만 빠르게 봅니다. 더 빨리, 더 많이 봐야 더 재미있을 것 같은 착각에 빠지죠. 스트레스를 풀기 위해 게임에 몰두하는 아이들도 많습니다. 게임 속 번쩍대는 아이템과 확실한 보상은 아이들을 강렬하게 유혹합니다. 조금만 잘해도 금세 레벨이 올라가는 경험은 성취감을 주지요. 이러한 경험은 즐거움을 느낄 때 분비되는 도파민을 강하게 자극합니다.

이렇게 빨리빨리 바쁘게 생활하다 보니 아이들은 자연스럽게 '멀티태스킹'에 익숙해집니다. 두 가지 이상의 일을 한 번에 해결합니다. 밥을 먹으면서 영상을 보고, 책을 읽으면서 음악을 듣고, 걸어 다니면서 게임을 하거나 문제를 풀면서 카톡을 주고받습니다. 두 가지 일에 집중할 수 있어 더 효율적인 것 같지만, 오히려 한 가지 일도 제대로 처리하지 못합니다.

우리의 뇌는 멀티태스킹에 적합하지 않습니다. 뇌는 동시에 들어오는 여러 정보 속에서 무엇이 더 중요한지 혼란스러워합니다. 서로 다른 정보를 처리하기 위해 주의를 빠르게 전환해야 하고, 그러기 위해서는 초집중해야 합니다. 그 과정에서 뇌는 더 피로를 느끼고, 전체 작업 속도는 느려질 수밖에 없습니다. 결과적으로, 멀티태스킹은 집중력을 손상시키고 생산성을 떨어뜨립니다.

가족이 모두 둘러앉아 정답게 저녁 식사를 하기도 힘든 일상이지요. 밥을 먹으면서 도란도란 얘기를 나누면 좋겠지만, 집중력을 제대로 기르지 못한 아이는 부모의 말에 귀 기울이기 어려워합니다. 부모의 말을 끊거나 엉뚱한 대답을 하기도 하고, 심지어 자리에 오래 앉아 있지 못하고 돌아다니기도 합니다. 야단이라도 맞으면, 쉽게 흥분하고 화를 내 버려요. 집에서만 그러면 그나마 다행일 텐데, 학교에서도 산만하거나 예상치 못한 행동을 보이니 걱정이 태산입니다.

삶을 이끌어 갈 집중력 되찾기

집중력은 마음이나 정신을 한 곳에 모으는 힘을 말합니다. 하지만 사람은 하루 24시간 동안 내내 집중할 수는 없습니다. 언제 강한 집중력을 발휘해야 할지, 언제 조금만 집중해도 괜찮을지 알아야 에너지 효율성이 높아집니다. 또한 현재 어떤 상황인지 파악한 후, 불필요한 자극을 피하고 자신을 보호하는 힘도 갖춰야 합니다. 복잡한 문제에 부딪혔을 때 참고 이겨 낼 수 있는 인내심도 필요해요.

하지만 이 모든 걸 머리로는 알아도 막상 실천하기는 어려워요. 꼭 필요할 때 집중력을 발휘하는 일이 생각처럼 쉽지 않지요. 아이들의 하루는 너무 바쁘게 흘러가고, 주변 환경은 정신을 차리기 어려울 정도로 화려하고 자극적입니다. 결국 아이는 자꾸만 산만해질 수밖에 없어요. 이런 상황을 부모로서 가만히 지켜볼 수만은 없습니다. 이제는 적극적으로 나서서 아이들의 흐트러진 집중력을 되찾아 줄 때입니다.

이 책에서는 아이들이 주도적인 삶을 살아가기 위해 꼭 필요한 집중력에 대해 깊이 있게 다룹니다. 집중력이란 무엇인지 알아보고, 아이의 집중력을 단련하는 방법을 구체적으로 제안합니다.

PART 1에서는 집중력의 개념과 종류를 설명합니다. 아이의 집중력을 빼앗는 요인들에 대해 살펴보고, 집중력의 오해와 진실에 대해 짚어 봅니다. PART 2에서는 '몸, 마음, 머리, 환경', 이 네 가지 측면에서 아이의 집중력을 단련하는 구체적인 방법을 다룹니다. 아이들이 바로 실천할 수 있는 현실적인 솔루션을 제시하지요. PART 3에서는 아이의 집중력을 키우기 위해 부모가 해야 할 지원 방안을 '환경 서포트'와 '정서 서포트'로 나누어 설명합니다. 실질적인 사례와 상황을 통해 아이의 집중력을 효과적으로 높이는 방법을 자세히 다룹니다.

어릴 때부터 집중하는 습관을 기른 아이들은 학교에서나 직장에서, 그리고 인생에서도 좋은 결실을 얻을 가능성이 큽니다. 이는 곧 자신과 주변 사람을 긍정적으로 바라보는 삶의 태도로 이어지지요. 공부와 일상을 넘어 삶의 주인공이 되는 '집중력'을 아이에게 장착해 주세요. 이 책에서 소개하는 단련법을 일주일에 한두 가지씩만 실천해도 아이의 삶은 긍정적으로 변화할 것입니다. 자신감 넘치는 집중력으로, 자기 안의 무한한 가능성을 발견하는 아이로 자라나기를 응원합니다.

PART

01

우리 아이 집중력 이해하기

집중력을 이루는 네 가지 주의력

"레고가 그렇게 좋아? 벌써 세 시간째야. 정말 집중력이 대단하다."

한 가지 일에 몰두하고 있는 아이를 종종 보지요. 게임이나 SNS 같은 중독성 강한 매체가 아니라, 레고나 책 읽기 같은 자신이 좋아하는 일에 집중하고 있어요. 자기 일에 푹 빠져 엄마가 불러도 반응하지 않습니다. 집중력이 대단한 것처럼 보입니다.

우리는 흔히 '집중력'을 경주마처럼 주변의 자극을 막고, 하나의 목표에 모든 에너지를 쏟는 능력이라고 생각합니다. 물론 한 가지 일에 진득하게 주의를 기울이는 능력도 '집중력'입니다. 하지만 집중력은 그보다 더 복합적으로 이해해야 합니다. 눈앞의 일에만 몰두해 주변 상황을 완전히 차단하는 것이 진짜 집중력인지는 한번 생각해 봐야 합니다.

주의 집중(Attention)이란 다양한 자극 중에서 중요한 것을 선택해 관심을 기울이는 능력을 말합니다. 이 과정에는 한 가지에 집중하다가 더 중요한 일이 생기면 집중 대상을 빠르게 전환하는 능력도 포함됩니다. 수많은 자극 속에서 필요 없는 것을 걸러 내고 우선순위에 따라 일을 처리하는 능동적인 과정이지요. 의학적으로 주의 집중은 크게 네 가지로 구분합니다. 지속적 주의력(sustained attention), 선택적 주의력(selective attention), 전환 주의력(alternating attention), 분산 주의력(divided attention)입니다.

첫째, 지속적 주의력은 한 가지 일을 장기적으로 이어 갈 수 있는 능력입니다. 우리가 흔히 생각하는 집중력이 여기에 해당합니다. 지속적 주의력은 학업이나 일상생활에서 꼭 필요한 능력입니다. 예를 들어, 돌아다니지 않고 식탁에 앉아 밥을 끝까지 먹는 일, 딴짓하지 않고 3분 동안 양치질하는 일 등이 이에 해당합니다. 학교에서도 지속적 주의력은 중요합니다. 한 시간 동안 수업에 집중하거나 책을 읽으며 내용을 이해하는 일, 일정 시간 동안 딴짓하지 않고 수학 문제를 푸는 일 등의 활동에는 모두 지속적 주의력이 필요하지요.

둘째, 선택적 주의력은 혼란스러운 환경 속에서도 불필요한 자극을 걸러 내고 특정한 자극에만 집중하는 능력입니다. 예를 들어, 놀이터에서 주변 다른 사람의 행동에는 신경 쓰지 않고 함께 노는 친구의 말이나 행동에 주의를 기울이는 능력입니다. 선택적 주의력은 생존에도 중요한 역할을 합니다. 만약 길거리 자동차 소리나 급식실의 음식 냄새 같은 주변 자극 때문에 중요한 일에 집중하지 못한다면, 일상이 어려워집니다. 인간은 매 순간 모든 상황에 초점을 맞출 수 없습니다. 그렇기에 제한된 집중력을 꼭 필요한 곳에 선별적으로 사용해야 하며, 이때 발휘되는 능력이 바로 선택적 주의력입니다.

셋째, 전환 주의력은 한 가지 일을 하다가도 금방 다른 일에 집중할 수 있는 능력입니다. 여러 개의 일을 할 때, 집중력을 번갈아 가며 유연하게 사용할 수 있게 합니다. 예를 들어, 설명서를 읽으며 순서에 맞추어 로봇을 조립하는 일, 활동지를 풀다가도 선생님의 설명에 다시 집중하는 일, 그림을 다양한 색으로 바꾸어 색칠하는 일 등입니다. 전환 주의력은 상황에 맞춰 빠르게 주의를 전환하며 여러 활동을 처리하게 해 줍니다.

넷째, 분산 주의력은 멀티태스킹, 즉 동시에 여러 과제에 집중하는 능력입니다. 예를 들어, 음악을 들으면서 공부하거나, 음식을 먹으면서 문제를 푸는 경우 분산 주의력이 필요합니다. 그러나 라디오를 들으며 운전하거나, 드라마를 보면서 밥을 먹는 등 두 가지 이상의 일을 동시에 한다고 해서 반드시 시간을 효율적으로 쓴다고 보기는 어렵습니다. 공부 시간에 인터넷을 보거나 운전 중 문자 메시지를 보내는 행동은 오히려 업무나 공부 효율을 떨어뜨리기 때문입니다.

집중력은 상황에 따라 다양한 형태로 발휘하게 됩니다. 주변 자극과 정보를 어떻게 활용하느냐에 따라 '지속적 주의력, 선택적 주의력, 전환 주의력, 분산 주의력'으로 나눠 복합적으로 발휘하지요. 앞서 레고 조립에 몰두한 아이는 높은 지속적 주의력을 보여 주었지만, 엄마의 부름에는 반응하지 않았으니 전환 주의력은 낮은 편이라 할 수 있습니다. 어느 하나의 주의력만 높다고 해서 집중력이 좋다고 말하기는 곤란합니다. 효과적으로 집중력을 발휘하기 위해서는 상황에 따라 자극과 정보를 적절히 받아들이고 해석할 수 있어야 합니다. 즉, 네 가지 주의력이 고루 발달되어야 비로소 진짜 집중력을 발휘할 수 있습니다.

우리 아이 집중력은?

아이가 로봇처럼 매 순간 집중하는 건 불가능합니다. 사실 우리 모두 어느 정도의 집중력 손실을 안고 살아갑니다. 아이들도 마찬가지입니다. 책을 읽다가 갑자기 콧구멍을 후비거나, 수학 문제를 풀다 목이 마르다며 물을 찾는 건 매우 자연스러운 일이지요. 소소한 행동까지 지적하면서 '집중력이 없다'고 아이를 타박하기보다는, 아이의 평소 행동을 잘 관찰해 보세요. 아이가 해야 할 일에 집중력을 제대로 발휘하고 있는지, 아래 표를 활용해 점검해 보세요.

☑ 우리 아이 집중력 테스트

지난 일주일 동안의 자녀의 모습을 가장 잘 나타내는 곳에 표시하세요.

	내용	전혀 그렇지 않다	가끔 그렇다	자주 그렇다	매우 자주 그렇다
1	세세한 부분에 꼼꼼하게 주의를 기울이지 못하거나, 공부하거나 시험 볼 때 부주의하게 실수를 한다.	0	1	2	3
2	손발을 가만히 두지 못하거나, 의자에 앉아 있어도 몸을 끊임없이 꼼지락거린다.	0	1	2	3
3	특정한 활동을 할 때나 놀이를 할 때 지속적으로 주의를 집중하기 어려워한다.	0	1	2	3
4	교실 등 자리에 앉아 있어야 하는 상황에서도 제대로 앉아 있지 못한다.	0	1	2	3
5	다른 사람과 마주 보고 이야기할 때도 잘 듣지 않는 것처럼 보인다.	0	1	2	3
6	때와 장소를 가리지 않고 지나치게 뛰어다니거나 어디든 기어오른다.	0	1	2	3
7	지시를 제대로 따르지 않고 일을 끝내지 못한다.	0	1	2	3
8	여가 활동이나 재미있어하는 일에도 조용히 참여하기가 어렵다.	0	1	2	3
9	해내야 할 과제나 일을 체계적으로 하지 못한다.	0	1	2	3
10	끊임없이 무엇인가를 하거나, 마치 모터가 돌아가듯 계속 움직인다.	0	1	2	3
11	학교 공부나 숙제 같은, 지속적인 노력이 요구되는 과제를 하지 않으려 한다.	0	1	2	3
12	지나치게 말을 많이 한다.	0	1	2	3
13	과제나 일을 하는 데 필요한 물건들을 잃어버린다.	0	1	2	3
14	질문이 채 끝나기도 전에 성급하게 대답한다.	0	1	2	3

15	쉽게 산만해진다.	0	1	2	3
16	차례를 기다리는 데 어려움이 있다.	0	1	2	3
17	일상적으로 하는 일을 잊어버린다.	0	1	2	3
18	다른 사람을 방해하거나 간섭한다.	0	1	2	3

출처_지역 사회에서의 주의력 결핍-과잉행동장애 선별 기준에 대한 연구(김재원 외, 2004)
* 해당 점수의 총점이 19점 미만이면 집중력 단련을 권합니다.
* 해당 점수의 총점이 19점 이상이면 전문가의 개입 및 치료 연계가 필요합니다.

    우리는 수많은 자극 속에서 살아가고 있습니다. 작은 소리부터 온도 변화까지 다양한 자극들을 적절히 처리해야 비로소 해야 할 일에 집중하며 효율성을 높일 수 있습니다. '선택'과 '집중'이 중요한 이유도 바로 여기에 있습니다. 주변의 수많은 자극 중 필요한 것을 선택하고, 불필요한 자극은 잘 조절해야 합니다. 그래야 하려는 일에 온전히 에너지를 쏟을 수 있습니다.

    이를 위해서는 아이의 집중력을 흩트리는 방해 요소를 없애야 합니다. 집중력이 높거나 낮은 것이 그저 타고난 능력이라고 말할 수는 없습니다. 아이가 부모의 지시를 왜 놓치는지, 학업 중 왜 산만해지는지를 주의 깊게 따져 봐야 합니다. 다음 장에서는 아이의 집중력을 떨어뜨리는 원인을 분석해 봅니다. '지피지기 백전불태'라는 말이 있습니다. 상대를 알고 나를 알면 백 번 싸워도 위태롭지 않다는 뜻이지요. 마찬가지로, 집중력을 빼앗는 것들에 대해 잘 알고 그에 맞는 노력을 기울인다면, 아이의 집중력을 잘 지킬 수 있습니다.

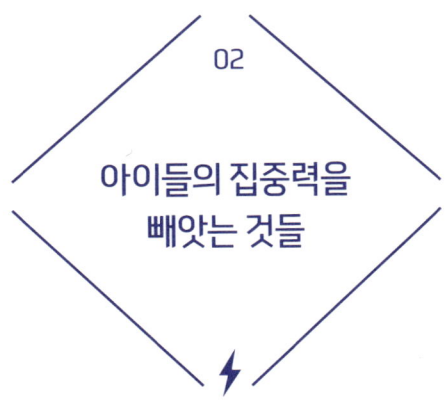

아롱이다롱이 기질이 다른 아이들

아기 때부터 유독 예민한 아이가 있습니다. 낮잠을 재우려 눕히면, 마치 등에 센서라도 달린 것처럼 금방 깨곤 하지요. 작은 소리에도 민감하게 반응하고, 티셔츠에 붙어 있는 라벨 때문에 불편해하기도 해요. 반면, 집 안에 아기가 있는지조차 모를 정도로 온순한 아이도 있어요. 침대에서 스스로 잠이 들고 웬만해서는 울지도 않아요. 투정 없이 밥을 잘 먹고 위험한 행동은 거의 하지 않아요.

부모가 잘 키우고 잘못 키워서 차이가 생기는 게 아닙니다. 각기 다르게 타고난 기질 때문입니다. 기질은 타고난 정서적 측면 및 행동 반응으로, 후천적으로 형성되는 성격과는 다릅니다. 출생 직후부터 나타나며 전 생애에 걸쳐 영향을 미칩니다. 기질은 후천적인 환경과 복합적으로 작용하면서 아이의 성격을 형성하지요.

기질의 개념과 관련해서는 미국의 아동학자 토머스와 체스(Thomas & Chess)의 1956년 뉴욕 종단 연구[1] 모형을 눈여겨볼 필요가 있습니다. 이 연구는 초기 영아기부터 성인기까지 141명의 아동을 추적 관찰하며 진행되었습니다. 이 연구에서는 아동의 행동을 '활동성, 규칙성, 접근/기피, 적응성, 반응 강도, 민감성, 기분의 질, 산만성, 지속성'이라는 9개 행동 차원으로 분석했습니다. 이 과정에서 부모가 아동의 행동에 대해 응답한 내용을 바탕으로, 영아의 기질을 크게 '순한 아이(easy child), 까다로운 아이(difficult child), 더디게 반응하는 아이(slow-to-warm-up child)', 이 세 가지 기본 유형으로 구분하였습니다.

연구 결과에 따르면, '순한 아이'는 표본의 40%를 차지하였습니다. 이 아이들은 규칙적인 일과에 잘 적응하며 활발합니다. 잠을 잘 자고, 밥도 잘 먹고, 환경이 바뀌어도 크게 당황하지 않아요. 낯선 사람에게도 긍정적으로 반응하고, 새로운 경험을 쉽게 받아들입니다.

'까다로운 아이'는 표본의 10%에 해당합니다. 이 아이들은 예민하고 매일의 일상이 규칙적이지 않습니다. 자주 울고 불안을 느끼며, 새로운 환경에

---

[1] 특정 현상이나 대상을 일정 기간 동안 반복해서 측정하는 연구 방법. 시간이 지나면서 변화하는 다양한 요소들을 관찰해, 그 변화의 원인을 분석하는 데 사용된다. 주로 어떤 현상의 흐름이나 경향을 알아내고자 할 때 활용된다.

적응하기 힘들어합니다. 밥을 잘 먹지 않거나 잠을 푹 자지 못하는 경우도 흔합니다. 낯선 사람을 대할 때도 상당한 시간이 필요합니다. 민감한 성격 탓에 일이 마음대로 되지 않을 때 공격성을 보이거나 떼를 쓰기도 합니다.

'더디게 반응하는 아이'는 표본의 15% 정도입니다. 이 아이들은 대체로 얌전하며 활동량이 많지 않습니다. 먹고 자는 것이 비교적 규칙적인 편이지만, 낯가림이 심하고 낯선 상황에 적응하는 데 시간이 걸립니다. 밥 먹기, 씻기 등 일상 행동이 느리고 수동적입니다. 부정적인 자극이 오면 '까다로운 아이'만큼 과격하게 행동하진 않지만, 불안해하거나 우울해하는 모습을 보이기도 합니다.

표본의 나머지 35%는 위 세 가지 기질 유형이 혼합된 아이들입니다.

그밖에 일반적으로 외향적인 아이들은 사회적 상호 작용을 중요시하기 때문에 외부 자극에 더 민감하게 반응하는 편입니다. 이러한 아이들은 자극을 받을 때마다 쉽게 어수선해지고 산만해지지요. 수업 중 누군가 연필을 떨어뜨리기라도 하면, 하던 일을 멈추고 꼭 참견하고 싶어 합니다. 또한, 충동성이 높은 아이들은 때와 장소를 가려 말이나 행동을 하기보다 마음이 더 앞서지요. 기다리지 못하고 다른 사람의 대화에 끼어들거나, 상대방의 말을 듣지 않고 자신의 이야기만 일방적으로 늘어놓는 경우가 잦아요.

아이들이 일부러 집중하지 않으려는 것이 아닙니다. 기질적으로 주의력이 쉽게 흐트러지는 거지요. 따라서 아이가 집중하지 못하는 이유를 이해하려면 먼저 아이의 기질을 잘 파악해야 합니다.

기질은 생물학적으로 타고나는 것이지만, 부모가 이를 잘 이해하고 아이의 기질에 맞춰 양육한다면 바람직한 효과를 기대할 수 있습니다. 예를 들어, '순한 아이'에게는 호기심을 충족시켜 주고 감정에 공감해 주는 양육 방식이 필요합니다. 부모의 인내심과 침착함은 아이에게 정서적 안정감을 가져다줄 것입니다. '까다로운 아이'는 문제아로 낙인찍어서는 안 됩니다. 부모가 부정적 감정 표현을 편안하게 받아 주고, 규칙의 중요성을 알려 준다면 학교에서도 큰 무리 없이 생활할 수 있게 될 거예요. 그리고 '더디게 반응하는 아이'의 경우, 부모가 다른 아이들과 비교하지 않고, 아이의 느린 행동에 조급해하지 말아야 합니다. 부모가 여유를 가지고 기다려 준다면, 아이가 불안해하거나 우울해하지 않고 안정적으로 성장할 수 있습니다.

아이의 기질에 맞춘 양육 방식은 집중력을 키우는 데 중요한 역할을 합니다. 어떤 기질을 가진 아이든지, 꾸준하고 적절한 지도와 지원을 받으면 집중력이 충분히 발달할 수 있습니다.

집중력을 빼앗는 다양한 요인들

중요한 일이 있어서, 혹은 재미있는 드라마를 보느라 밤을 새워 본 적 있나요? 그런 상태에서 운전대를 잡았다고 가정해 보세요. 잠을 충분히 자고 난 후와는 완전히 다른 상태로 운전하게 될 것입니다. 충분한 수면이 없으면 운전이든, 공부든 집중할 수가 없습니다. 집중력은 인지 발달 정도나 나이에 따라 달라질 뿐만 아니라, 수면의 질이나 영양 상태에 따라서도 크게 좌우됩니다. 집중력을 떨어트리는 요인들을 한번 살펴보겠습니다.

첫째, 개인적 요인입니다. 어린이들은 발달 특성상 청소년보다 주의 집중 시간이 짧습니다. 이는 아직 자기 조절력이 부족해 지속적으로 집중하는 능력이 미숙하기 때문입니다. 하지만 정상 범주 내의 아이가 또래보다 집중력이 유난히 떨어진다면 정서 상태를 점검해 봐야 합니다. 감정적으로 불안한 아이들은 과제나 학업에 힘쓸 에너지가 부족합니다. 공부보다 생존이 달린 중요한 일이 머릿속을 채우고 있기 때문입니다. 스트레스와 우울감에 시달리는 아이들은 부정적인 생각과 잡념에 휘말려 집중력이 쉽게 흐트러질 수 있습니다.

또한, 신체 건강 상태도 집중력에 큰 영향을 미칩니다. 심각한 질병이 아니더라도, 독한 감기나 비염으로 고생하는 경우 집중력을 유지하기가 어렵습니다. 체질적으로 약한 아이들 역시 집중력이 쉽게 떨어지며, 만성 피로나 수면 부족, 영양 상태에 불균형이 있을 때 뇌가 제대로 기능하지 못해 집중력이 저하될 수 있습니다.

둘째, 사회적 요인입니다. 학교는 불특정 다수의 또래와 선생님과 소통하는 공간으로, 가정과는 다른 이유로 주의가 산만해질 수 있습니다. 지루한 수업에서 학생의 집중력은 쉽게 떨어지며, 학생의 수준보다 지나치게 어렵거나 과도한 경쟁을 요구하는 수업에서도 집중력이 작동하지 않습니다. 친구 관계도 눈여겨볼 필요가 있습니다. 친구와 갈등을 겪는 학생은 과제를 온전히 해내기가 어렵습니다. 수업 중 모둠 활동도 힘들어하는 경우가 많아요.

이처럼 사회적 상호 작용에서 오는 스트레스는 개인의 정서에 큰 영향을 미쳐 집중력을 잃게 합니다. 이 문제는 학교뿐만 아니라 가정에서도 나타납니다. 가장 작은 사회 단위인 가정에서 안정감을 느끼지 못하고 불안을 경험한 아이들은 자기 조절 능력이 제대로 발달하지 못했을 가능성이 높습니다. 이 또한 학업이나 또래 관계 유지, 사회적 규칙을 따르는 데 꼭 필요한 집중력 발달을 떨어트리는 요인입니다.

셋째, 환경적 요인입니다. 집중력을 최대화하려면 주변 환경도 신중하게 고려해야 합니다. 예를 들어, 공부방의 벽을 채도가 낮은 파스텔 톤으로 칠하면 눈의 피로를 줄이고 집중력을 높일 수 있습니다. 조명의 밝기나 인테리어 디자인 등 다양한 물리적 요소도 집중력에 영향을 미칩니다. 삐걱거리는 의자나 높이가 맞지 않는 책상은 아이의 집중력을 빼앗는 주범이 될 수 있습니다. 주변의 소음, 음악, TV 소리 같은 청각적 자극뿐 아니라 과도한 장식, 어지러운 책상 같은 시각적인 요소도 집중력을 흐트러뜨립니다. 심지어 연필, 지우개, 필통 같은 문구류도 아이의 집중력을 야금야금 갉아먹는 요인이 될 수 있습니다. 만지작거리거나 잃어버린 것을 찾느라 주의가 분산되기 때문입니다.

아이의 집중력이 떨어지는 이유는 단순하지 않습니다. 개인적, 사회적, 환경적 요인이 복합적으로 작용하기 때문입니다. 가정, 학교, 학원 등 아이를 둘러싼 주변 환경을 면밀히 살펴보세요. 아이 공부방에 걸린 커튼이나 필통에 꽂힌 필기구처럼 사소해 보이는 요소까지 점검해 보세요. 문제의 원인을 다방면에서 살펴야 집중력을 높이는 효과적인 대책을 세울 수 있습니다.

ADHD는 신중하게

아이가 너무 산만하거나 참을성이 없을 때, '혹시 ADHD 아닐까?' 의심하게 됩니다. 실제로 해마다 교실에서 ADHD 학생을 봅니다. 반에 한두 명은 꼭 함께 생활했어요. ADHD에 해당하는 아이는 전체 아동 및 청소년의 약 5~10% 정도로 알려져 있습니다.

주의력 결핍-과잉행동장애인 ADHD는 주의력, 충동성, 과다 행동을 보이는 신경발달장애입니다. 이 장애는 뇌의 전두엽에서 자기통제기능을 담당하는 신경전달물질의 불균형 때문에 발생합니다. 원인은 유전적 요인일 수도 있고, 뇌 손상이나 후천적인 발병일 수도 있습니다.

교실 속 이 아이들은 쉽게 눈에 띕니다. 먼저, 주의력이 매우 떨어져요. 수업 시간 45분 동안 한자리에 가만히 앉아 있지 못하고, 자주 자리에서 일어나 돌아다니거나 의자를 앞뒤로 흔들기도 합니다. 선생님이 잠시 뒤돌아선 틈에 벌떡 일어나 교실을 서성이는 경우도 많지요. 수업 중 멍하니 딴생각을 하거나, 숙제를 끝까지 해내지 못해요. 주어진 과제를 체계적으로 처리하는 데 어려움을 겪으며, 집중력을 유지하기 힘들어합니다.

이 아이들은 규칙을 잘 따르지 못하고 해야 할 일이나 약속을 잘 잊어버립니다. 상황에 맞지 않게 지나치게 말이 많은 것도 특징입니다. 다른 친구들의 활동에 눈치 없이 간섭하고 끼어듭니다. 그리고 순서를 지키기 매우 힘들어해요. 책상이나 책가방 속이 정리가 안 되어 있고 물건을 자주 잃어버립니다. 짜증이 많고 흥분을 잘하기도 해요. 별것 아닌 일에도 화가 나면 욱해서 폭력을 행사하기도 합니다. 집중력과 기억력이 부족하기 때문에 학업 성취도가 낮아 좋은 성적을 기대하기 어렵습니다.

이 아이들은 상대방의 감정을 잘 읽지 못하고, 지나친 행동을 하는 경향이 있어 또래 관계도 원만하지 않을 수 있어요. 수업 시간에는 튀는 행동 때문에 선생님의 지적도 많이 받지요. 학교는 단체 생활 공간이기 때문에 아무래도 이 아이들은 구성원과 섞이는 데 어려움이 있습니다. 그렇지만 이 아이들은 비구조화된 자유로운 수업에서는 더 활발하게 참여하고, 높은 창의력으로 주목받기도 합니다.

산만하다고 해서 모두 ADHD라고 단정할 수는 없습니다. ADHD에 대한 정확한 진단은 전문가의 소견을 바탕으로 해야 합니다. 지능 검사와 주의력 검사를 통해 전문의의 정확한 진단을 받으면, 적절한 치료로 증상을 개선할 수 있습니다. 실제로, 중학교 1학년 때 산만하고 폭력적이던 아이가 2년 동안 꾸준히 약물 치료를 받은 후, 수업에 잘 참여하고 친구들과의 관계도 원활하게 이어 나가는 걸 봤어요. 이처럼 ADHD는 뇌 발달의 이상으로 인해 나타나는 증상이기 때문에, 전문가의 처방과 치료가 매우 중요합니다. ADHD는 주로 초등학생 시기에 발견되는 경우가 많으니, 아이의 행동에서 ADHD가 의심된다면 신중하게 진찰을 받을 필요가 있습니다.

아이의 발달 단계를 이해하라

어른과 어린이의 집중력 지속 시간과 강도는 당연히 다릅니다. 학교 수업 시간만 봐도 초등학교는 40분, 중학교는 45분, 고등학교는 50분입니다. '5분 차이가 뭐 있겠어?'라는 생각이 들겠지만, 학교는 아이의 발달 단계에 맞추어 최적의 집중도를 올릴 수 있는 시간을 설정한 거예요.

하지만 막상 아이들은 그 수업 시간도 집중하기 힘들어해요. 선생님들은 어떻게든 아이들이 수업에 집중할 수 있도록 수업 주제와 활동을 흥미롭게 구성하려고 합니다. 그래도 아이들은 여전히 엉덩이를 들썩이고 짝꿍과 장난을 치거나 딴생각에 빠지곤 하지요.

아이의 집중력은 인지, 정서, 두뇌 발달과 가깝게 맞닿아 있습니다. 물론 생리적, 심리적, 환경적 요인에 따라 개인차가 존재하지만 일반적으로 연령에 따라 다른 특징을 보입니다.

아이가 태어나면 처음에는 초점 책이나 딸랑이 같은 간단한 자극에 반응하다가, 점차 주변의 복잡한 자극에 노출되면서 뇌가 폭발적으로 발달하기 시작합니다. 뇌세포인 뉴런과 뉴런을 이어 주는 시냅스가 활발히 형성되며, 뇌의 기본 구조들이 만 36개월쯤 완성됩니다. 이 시기는 감수성이 가장 크게 발달하는 시기로, 양육자와 아이 사이에 형성된 애착이 정서 발달의 기초가 됩니다. 감수성과 정서는 아이가 자존감을 키우고 자신의 감정을 이해하며, 타인과 소통하는 데 중요한 바탕이 됩니다.

3세부터 7세까지는 종합적 사고를 담당하는 전두엽이 빠르게 발달하는 시기입니다. 이 시기에 아이들은 자기 조절 능력과 인지 능력이 성장하며, 다양한 경험을 통해 욕구를 절제하고 감정을 조절하는 법을 배웁니다. 그리고 충동을 억제하고 집중력을 키우기 시작하지요. 그러나 여전히 논리적이고 종합적인 사고를 하는 건 아직 어렵습니다. 이 시기의 아이들은 사물에 생명과 감정을 부여하는 모습을 보이며, 상황을 다각도로 이해하지 못하고 직관적으로 사고하며 한 가지 기준으로 판단하곤 합니다. 사회적 규칙을 완전히 이해하지 못하는 경우도 흔하지요. 특히, 이 시기에는 인간성과 도덕성, 사회성을 담당하는 뇌 영역이 집중적으로 발달합니다.

7세에서 12세는 초등학교에 다니는 시기로, 이때 논리적 사고와 사회성이 크게 발달합니다. 학년이 올라갈수록 좌우 대뇌 반구를 연결하는 신경

섬유 다발인 뇌량이 두꺼워지며, 상황을 입체적이고 종합적으로 생각할 수 있게 됩니다. 이 시기에는 수리적 사고, 언어 능력, 공간 지각 능력 등 다양한 인지 능력이 질적으로 성장합니다. 자아 중심적인 태도에서 벗어나 타인의 감정을 이해하고 추론하는 능력도 발달하지요. 환경과 교육의 영향을 받아 주의 집중력도 함께 증가합니다.

12세 이후, 뇌는 지금껏 폭발적으로 형성되었던 시냅스를 가지치기하기 시작합니다. 효율적인 시냅스만 남기고 불필요한 시냅스는 제거하며 질적 성장을 이루는 것이지요. 이 시기 아이들은 호르몬의 변화 때문에 감정적으로 충동적이고 변덕스러울 수 있지만, 학년이 올라가며 충동을 잘 조절하게 되고 집중력도 점차 좋아집니다. 10세 이후 급격하게 증가한 학습 기억력은 12세 이후에 절정에 이릅니다. 문제 해결 능력, 창의력, 종합적 사고 능력 등이 가장 활발해지는 시기이지요. 타인의 시선에 민감해지고 스스로 통제하고 계획하는 능력을 발달시킵니다. 이를 통해 아이들은 미래를 예측하고 준비하는 방법을 배우게 됩니다.

☑ 연령에 따른 뇌 발달 특징

연령	뇌 발달 특징
0-3세	- 뇌의 기본적인 구조들이 형성되는 시기 - 오감을 통한 시냅스의 왕성한 증가
3-7세	- 종합적 사고를 담당하는 전두엽 발달 - 자기 조절 능력, 인지 능력, 기억 기능, 언어 능력 발달 - 인성, 도덕성, 사회성과 관련한 뇌 발달
7-12세	- 논리적 사고, 사회성 발달 - 전두엽의 조절 통로인 뇌량 발달 - 수리, 언어, 공간 지각 기능 발달 - 감정 이해 및 조절 능력, 추론 능력 발달 - 주의 집중력 발달
12세 이후	- 시냅스의 가지치기로 뇌의 질적 성장 - 집중력, 학습 기억력 발달 - 문제 해결 능력, 창의력, 종합적 사고 능력 발달

"초등학교 1학년 남자아이인데, 수학 문제집을 푸는 1시간 동안에도 가만히 앉아 있질 못해요. 집중력이 형편없어요."

이런 푸념을 하기 전에 아이의 인지와 정서 발달 과정을 이해하고 있는지 다시 한번 생각해 봐야 합니다. 태어나면서부터 성인의 집중력을 갖춘 아이는 없습니다. 아이의 뇌는 연령에 따라 발달하며, 발달 속도와 특성은 아이마다 다르기 때문에 집중력을 판단할 때는 더욱 신중해야 합니다.

아이를 객관적으로 관찰하라

교실에는 서른 명 남짓 학생들이 앉아 있습니다. 수업 중 학생들의 태도가 한눈에 들어옵니다. 수업을 주도적으로 이끄는 학생, 즐겁게 참여하는 학생, 앉아 있기는 하지만 잡념에 빠진 학생, 그리고 수업에 흥미도 없고 참여도 하지 않는 학생까지, 아이들의 태도는 천차만별이지요. 하지만 태도만으로 학생의 집중력을 평가하지는 않습니다. 교사와 친구들과의 상호 작용, 시선이나 몸짓 같은 비언어적인 표현, 과제 수행 능력 등을 자세히 관찰해야 그 학생이 정말로 집중하고 있는지 아닌지를 가늠할 수 있습니다.

학생들은 규칙적인 시간표에 따라 생활하기 때문에, 행동에 조금만 변화가 있어도 쉽게 알아차릴 수 있습니다. 매 수업 시간 집중을 잘하던 아이가 눈이 퉁퉁 부어 멍하니 창밖을 바라보고 있다면, '무슨 안 좋은 일이 있었나?' 하는 생각이 들지요. 평소와 달리 수업 중 꾸벅꾸벅 졸면서 1리터짜리 커피를 마시는 학생을 보면, '어제 중요한 과제가 있었나 보다'라고 짐작하게 됩니다.

특정 수업 활동에 따라 학생들의 집중력이 전체적으로 높아지기도 떨어지기도 합니다. 예를 들어, '케이팝(K-pop)'이나 '십 대의 심리 상태'처럼 학생들의 관심을 끌 만한 주제로 수업을 하면 학생들의 눈빛이 반짝이고 참여도가 높아집니다. 반면, 강의식으로 지루한 이론만 설명하는 수업에서는 겨우 몇몇 학생들만 볼을 꼬집으며 집중하려 애쓰는 모습을 보입니다.

수십 명에서 수백 명을 가르치는 교사는 같은 환경 속에서 그룹 단위로 학생들을 관찰하기 때문에, 산만하거나 집중력이 현저히 떨어지는 학생을 비교적 쉽게 골라낼 수 있습니다. 이러한 판단에 사사로운 감정은 섞이지 않습니다. 주변 아이들과의 비교와 발달 단계에 대한 이해를 바탕으로 객관적으로 판단합니다.

하지만 관찰 대상이 학생들에서 내 아이로 바뀌면 이야기가 달라집니다. 부모는 종종 색안경을 씁니다. 내 아이가 왠지 다른 집 아이보다 더 산만한 것 같습니다. 준비물을 하나라도 잊고 가면 "너는 어디다 정신을 팔고 다니는 거야!"라며 야단을 칩니다. 알림장을 제대로 썼는지 매번 불안해합니다. 심지어 같은 반 꼼꼼한 여학생의 엄마와 친해져야겠다는 생각까지 하게 됩니다. 집에서도 이렇게 산만한데, 학교에서는 얼마나 더 집중 못 할지 걱정이 태산입니다.

네, 부모라서 그렇습니다. 아이가 더 잘되기를 바라는 마음에 아이의 작은 행동도 크게 보입니다. 때로는 다른 아이보다 내 아이의 집중력이 더 부족하다고 느낍니다. '아들이라 원래 산만해' '아빠 닮아서 덜렁대는 거야'라며 선입견을 갖기도 합니다. 그 과정에서 오히려 내 아이가 언제, 어떻게 집중하는지를 관찰하고 발견할 중요한 기회를 놓칠 수 있습니다.

객관적인 관찰이 없으면 아이를 제대로 이해할 수 없습니다. 아이가 무엇에 관심을 가지며 어떤 일에 열정을 쏟는지 관찰하는 것은 부모의 역할입니다. 이때 보고 싶은 면만 보려 해서는 안 됩니다. 아이의 강점과 약점을 두루두루 살펴야 하며, 부모의 기대에 아이를 끼워 맞추려 하면 안 됩니다. 아이를 있는 그대로 바라보고 그 안에 숨겨진 잠재력을 발견해야 합니다.

아이는 성장 과정에 있습니다. 처음부터 100% 집중력을 발휘하는 사람은 없습니다. '이렇게 집중을 못 해서야 공부도 못하고 아무것도 못 할 거야'라고 단정 짓지 마세요. 좁은 시각으로 아이를 판단하거나, 아이가 가진 잠재력의 불씨마저 꺼뜨린다면 아이는 더욱 힘들어질 수 있습니다. 눈앞에 어려운 상황이 펼쳐지더라도 바로 반응하기보다는 시간을 두고 객관적으로 생각해 보세요. '문제가 어려운가 봐' '어제 감기 때문에 잠을 설쳐서 집중력이 떨어졌나?' 등 다양한 가능성을 염두에 두고 아이를 관찰하며 이해하려 노력해 보세요.

객관적인 관찰은 부모가 감정에 휩쓸리지 않고 아이와 효과적으로 소통하게 합니다. 이러한 태도는 아이와의 관계를 원만하게 유지하며, 긍정적인 피드백을 주고받을 수 있게 해 줍니다. 또한 아이의 교육에 관한 계획을 세울 때 효율성을 높이고, 아이가 본질적으로 성장할 수 있도록 합니다. 만약 객관적인 관찰을 통해 아이의 발달 수준이 일반적이지 않다고 생각된다면, 전문가의 적절한 지도와 도움을 요청할 수도 있습니다.

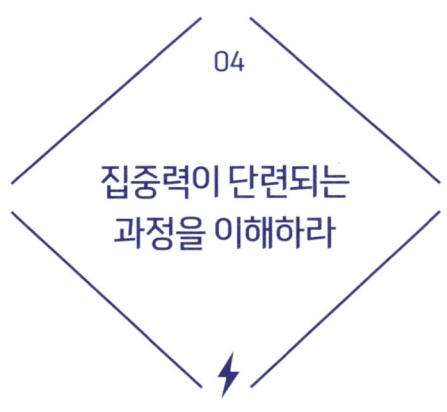

습관이 집중력을 지배한다

 새 학년이 시작되면서 학급 특색 활동으로 고등학교 3학년 학생들과 함께 '66일 습관 프로젝트'를 시작했습니다. 학생들은 저마다 만들고 싶은 습관을 목표로 정했지요. '1일 1 경제 신문 읽기' '1일 1 명상하기' '1시간 일찍 일어나 자습하기' '매일 30분 운동하기' '매일 감사 일기 쓰기' 등 평소 해 보고 싶었지만 계속 미뤄 왔던 것들을 습관으로 만들기 위해 야심 차게 프로젝트에 참여했습니다.
 학생들은 반드시 해내겠다고 다짐하며 첫 주를 시작했고, 대부분의 학생이 목표를 달성했습니다. 그러나 주말이 지나면서 하나둘씩 포기하는 학생들이 생겼어요. 수행 평가와 모의고사 등을 핑계 삼아 점점 목표에서 멀어지는 학생들이 많아졌지요. 끝까지 목표를 이뤄 낸 학생은 단지 대여섯 명에 불과했습니다. 그런데 놀랍게도 이 학생들은 프로젝트가 끝난 이후에도 매일 목표를 꾸준히 실천했습니다. 습관이 된 것이지요.

특히, 매일 경제 신문을 읽은 한 학생이 기억에 남습니다. 경제학과에 진학하고 싶어 하는 학생이었지요. 그 학생은 이렇게 소감을 밝혔어요. "프로젝트를 66일 동안 실천하면서 스스로 신문 기사를 챙겨 읽는 습관이 생겼어요. 처음엔 귀찮았지만, 점차 일상이 되었죠. 이전에는 어려운 경제 용어 때문에 신문 읽기가 부담스러웠는데, 날마다 읽다 보니 속도가 빨라지고 집중력도 높아졌습니다."

아리스토텔레스는 '사람은 반복적으로 행하는 것에 따라 판명되는 존재이다. 따라서 탁월함이란 단일 행동이 아니라 바로 습관이다'라는 말을 남겼습니다. 이처럼 습관은 우리가 어떤 사람인지, 무엇을 하고 어떻게 행동하는지를 결정짓습니다. 습관은 우리의 일상생활에 큰 영향을 미치며, 우리가 어떤 태도로 삶을 살아가고 있는지 보여 줍니다.

습관은 어떤 행위를 오랫동안 반복하여 저절로 몸에 익힌 행동 방식입니다. 예를 들어, 자기 전에 양치질하는 것이지요. 양치질은 대단한 에너지를 쏟지 않아도 되는 자동적인 행동입니다. 이처럼 '아침에 일찍 일어나기' '목욕하기'와 같은 일상에서 꼭 필요한 행동뿐 아니라 평소 이루고 싶은 목표 역시 습관화하면 뇌에 부담을 덜고, 그만큼 더 중요한 곳에 집중할 수 있습니다.

꾸준히 운동하는 사람은 생활 리듬이 자연스럽게 운동에 적합한 방향으로 변화합니다. 독서도 마찬가지입니다. 매일 10분이라도 책을 읽은 사람은 그렇지 않은 사람보다 글을 읽을 때 집중도가 더 높습니다. 고등학교 3학년 학생들이 66일 동안 경제 신문을 읽고 명상을 실천한 것처럼, 목표를 정해 매일 실천하다 보면 어렵게 느껴졌던 일도 차츰 해낼 수 있게 됩니다. 이렇듯 좋은 습관은 주의력과 집중력을 높이며 성취의 경험을 선사합니다.

그런데 세상에는 좋은 습관만 있는 건 아니에요. 나쁜 습관은 오히려 집중력을 분산시킵니다. 예를 들어, 별다른 목적 없이 스마트폰을 수시로 사용하는 습관은 업무나 공부에 집중하지 못하게 하는 나쁜 습관이라고 할 수 있습니다. 늦게 잠자리에 드는 습관, 멀티태스킹을 반복하는 습관 역시 집중력을 떨어뜨리며, 이러한 습관이 굳어지면 정작 집중이 필요한 순간에 집중하기 어려워질 수 있습니다.

습관이 집중력을 지배합니다. 따라서 집중력에 도움이 되는 좋은 습관을 유지하고, 나쁜 습관을 고쳐야 합니다. 어린 시절 익힌 기본 생활 습관과 학습 습관은 성인이 될 때까지 지속되며, 아이들의 삶 전체에 영향을 미칩니다. 아이에게 좋은 습관을 익히게 하여 성취감을 경험하게 하고, 나쁜 습관을 고쳐 바람직한 행동을 지속할 수 있도록 해야 합니다. 이를 통해 아이의 자아 효능감과 집중력이 높아지며, 학습 능력과 정서 발달이 이루어집니다. 집중력을 높이는 약은 따로 없습니다. 며칠간 총명탕을 먹는다고 집중력이 좋아지지 않아요. 집중력은 꾸준히 쌓아 온 좋은 습관에서 나옵니다.

스스로 집중하는 힘

"공부 의지가 불타는 아이를 보면 진심으로 부러워요."

엄마는 한동네에서 자란 또래 아이들을 속속들이 알고 있어요. 초등학생 때부터 친구였던 아이들이 어느새 고등학교 2학년이 되었습니다. 그런데 다른 집 아이는 스스로 공부를 열심히 하는 반면, 내 아이는 억지로 공부합니다. 엄마는 다른 집 아이의 공부 의욕이 부럽기만 합니다.

초등학생 때까지만 해도 엄마가 하라는 대로 순순히 공부하던 아이였습니다. 엄마가 정해 준 학원을 다니고, 엄마가 세운 계획대로 집에서도 열심히 공부했습니다. 그런데 사춘기를 지나며 아이는 방문을 닫아 걸고 엄마의 말은 잔소리로만 듣습니다. 방 안에서 아이가 공부를 하고 있는지, 스마트폰을 하고 있는지조차 알 수 없습니다. 엄마만 애간장이 탑니다. '내가 너무 강제로 아이를 끌고 갔나?' 하고 늦은 후회를 합니다.

공부에 온 힘을 쏟아야 할 중요한 시기에 아이는 번아웃에 빠진 것입니다. 학창 시절 내내 아이의 성적표는 엄마의 성적표였고, 아이의 공부는 엄마 몫이었습니다. 아이는 엄마 등쌀에 못 이겨 책상에 앉아 있었지만, 애초에 집중하기 힘들었어요. 아이는 공부한 만큼 성과가 나오지 않는 것 같아 점점 더 공부가 싫어졌습니다. 왜 공부를 해야 하는지 이유조차 찾을 수 없었습니다. 아이는 마치 엄마의 인생을 대신 살아가는 듯한 기분에 자기 삶에 주의를 기울일 힘을 잃어버렸어요. 엄마는 아이가 공부에 집중할 수 있도록 세심히 계획을 짜고 노력했지만, 아이는 그 과정에서 오히려 큰 스트레스를 받아 공부와 점점 멀어졌습니다.

부모로서 아이가 자신보다 더 잘되길 바라는 것은 당연한 일입니다. 그래서 공부를 잘했으면 좋겠고, 무엇이든 집중력을 발휘해 시간을 효율적으로 쓰기를 기대합니다. 아이가 잘될 수 있는 길이 있다면 물질적, 정신적으로 뒷바라지하려고 노력하지요. 하지만 정작 아이의 생각과 의지를 알아보려는 노력이 부족한 경우가 많습니다.

집중력은 누가 대신 발휘해 줄 수 없습니다. 어릴 때 부모의 감독 아래 아이가 잠시 집중력을 보일 수는 있지만, 그런 집중력은 금방 꺼지는 거품과도 같아요. 지속해서 발전시키기 어렵습니다.

진정한 집중력은 아이가 자발적으로 노력할 때 단련됩니다. 아이가 스스로 고민하고 문제를 해결하는 과정에서 차곡차곡 집중하는 힘을 쌓을 수 있지요. 부모가 지나치게 끼어들면 안 됩니다. 아이가 자율적으로 성장할 수 있도록 돕는 역할만으로 충분하지요. 아이는 부모의 꿈을 대신 이루기 위해 살아가는 존재가 아닙니다. 스스로 선택하고 결정하며 자기다운 인생을 살아야 해요. 아이의 마음속에서 어떤 일에 집중하고자 하는 의지가 생겨날 때, 비로소 집중력과 학습 능력은 함께 좋아집니다. 그 과정에서 자아존중감과 효능감도 자연스럽게 높아집니다.

공부 의욕이 넘치는 아이는 공부에 있어서 이미 부모의 손을 떠난 지 오래입니다. 부모가 입시 정보를 찾아 주더라도, 공부를 계획하고 실천하는 건 오로지 자신이 할 일이라고 생각해요. 마음속에 정한 목표를 이루고 싶은 간절함에 공부에 온 힘을 다하며, 목표 달성을 위해 스스로 자기 행동을 돌아보고 조절합니다. 이처럼 아이의 내면에서 우러나오는 힘을 키워 주는 것이 바로 아이의 집중력을 기르는 최고의 방법입니다.

집중력에 필요한 요소 – 몸, 마음, 머리, 환경

한 권의 책을 쓰는 데는 어마어마한 집중력이 필요합니다. 머릿속 생각을 글로 쓴다는 건 만만치 않은 작업이에요. 저는 이 책을 쓰기 시작하며 급성호흡기바이러스감염증(코로나 19)에 걸렸습니다. 열이 나고 두통이 심해 노트북 앞에 앉아 있기조차 힘들더군요. 몸이 어느 정도 회복된 후 글쓰기에 몰두해야겠다고 다짐했지만, 곧 아이들의 여름 방학이 시작되었습니다. 글을 쓰는 도중 아이들이 떠드는 소리에 집중이 흐트러지기 일쑤였어요. 그 와중에 올림픽까지 개막했지요. 집필보다는 양궁 결승전에 관심이 기울어졌습니다.

집중하고 싶다는 의지만으로는 집중이 이루어지지 않았습니다. 집중은 단순한 마음가짐만으로 되는 것이 아니라 몸, 마음, 머리, 환경이 뒷받침되어야 제대로 이루어질 수 있기 때문입니다. 이 네 가지 요소가 적절히 상호 작용할 때 일의 능률을 높일 수 있습니다. 이제, 집중력을 높이는 데 중요한 이 네 가지 요소인 '몸, 마음, 머리, 환경'에 대해 구체적으로 알아보겠습니다.

첫째, 몸입니다. 몸이 건강해야 집중도 할 수 있습니다. 영양가 있는 식사, 규칙적인 생활, 충분한 수면은 성장기 아이의 신체, 특히 뇌의 건강에 필수입니다. 신체가 건강해야 건강한 정신 활동도 원활하게 이루어질 수 있습니다.

둘째, 마음입니다. 심리적으로 불안하거나 우울한 상태에서는 집중력과 기억력이 떨어집니다. 스트레스를 제때 풀지 못하고 부정적인 감정에 사로잡혀 있다면 어떤 활동에도 몰입하기 어렵습니다. 반대로, 정서적으로 안정된 상태에서는 다소 어려운 일에도 도전하고 몰입할 수 있는 여유와 힘이 생깁니다. '무엇이든 마음먹기에 달렸다'라는 말처럼, 자신을 객관적으로 살피고 마음의 상태를 어떻게 유지하느냐에 따라 집중력이 크게 달라집니다.

셋째, 머리입니다. 뇌는 집중력과 직접적으로 연관된 중요한 신체 기관입니다. 운동을 하면 몸이 더 좋아지듯 뇌도 쓰면 쓸수록 발달해요. 그중 기억력, 주의력, 사고력 등 인지 능력을 관장하는 전전두엽을 자극하고, 조화롭게 뇌가 발달할 수 있는 활동을 하면 집중력이 더욱더 높아져요.

넷째, 환경입니다. 몸, 마음, 머리가 준비되어 있어도 집중력을 발휘할 만한 환경이 마련되지 않으면 효과는 떨어집니다. 아이가 생활하는 거실, 공부방 등 물리적 환경뿐 아니라 시간적 환경도 고려해야 합니다. 아이가 집중할 수 있는 시간을 체계적으로 계획하고, 규칙적인 생활 리듬을 유지하는 것입니다. 특히, 스마트폰을 손에서 놓지 않는 아이에게는 주의를 산만하게 만드는 디지털 환경을 집중할 수 있는 환경으로 바꾸는 것이 중요합니다.

집중력은 몸, 마음, 머리, 환경이라는 네 가지 요소가 균형을 이룰 때 최대한으로 발휘됩니다. 건강한 몸, 안정된 마음, 발달된 머리, 그리고 체계적인 환경을 통해 아이의 잠재된 집중력을 최대한 끌어올리세요. PART 2에서는 이 네 가지 요소를 기반으로 집중력을 단련하기 위한 구체적인 실천 방안을 제안하겠습니다.

전문의 상담실 1

⚡ **아이가 집중력이 좋아서 한 가지에 깊이 파고드는데, 필요한 공부보다는 관심 있는 것만 해요. 어떻게 균형을 잡아 줄 수 있을까요?**

온라인 게임, 만화책, 레고 놀이 등 자기가 좋아하는 것에만 푹 빠지는 아이를 보고 '집중력이 좋다'고 말하기는 좀 어렵습니다. 누구나 재미있어하고 관심 있는 것에는 집중을 잘하기 마련입니다. 하지만 필요하다면 재미없는 것에도 집중할 수 있어야 진정으로 집중력이 좋다고 말할 수 있습니다.

집중력에도 균형이 필요합니다. 편식하는 어린아이들을 위해 부모님들이 어떻게 하는지 생각해 보세요. 부모님들은 채소를 잘 안 먹는 아이들을 위해 빵과 고기 사이에 채소를 끼워 넣곤 하지요. 심리 코칭에서도 종종 사용되는 '샌드위치 기법'이에요. 즉, 아이가 관심 있어 하는 활동 사이에 그다지 관심 없어 하는 활동을 끼우는 식입니다. 예를 들어, 간식 먹는 것이나 그림 그리기는 좋아하는데 학습지 풀기는 별로 안 좋아하는 아이가 있다면 다음과 같이 해 보세요.

"그림 먼저 그릴래, 간식 먼저 먹을래?" (아이에게 선택권을 줍니다.)

"간식 먼저 먹을래요!"

"그래, 그럼 간식 먹은 다음, 학습지 딱 15분만 하고 나서 그림 그리면 어떨까?"

이외에도 여러 가지 아이디어를 생각해 보세요. 어떤 시도를 하든 잊지 말아야 할 것은, 부모님이 '필요하다'고 생각하는 것과 아이가 '필요하다'고 생각하는 것은 크게 다를 수 있다는 것입니다. 혹시라도 부모님의 생각만 밀어붙이다가 아이의 '관심과 흥미'라는 소중한 불꽃을 꺼뜨리지 않도록 조심하시길 바랍니다.

⚡ **학습 능력은 괜찮은데, 자꾸 실수를 하고 집중력이 짧아요. ADHD와 단순한 부주의는 어떻게 구별할 수 있을까요?**

나이가 어릴수록 집중할 수 있는 시간은 짧습니다. 개인적인 차이도 커서, 같은 나이라고 해도 집중을 잘하는 아이가 있는가 하면 집중이 영 어려운 아이도 있습니다. ADHD는 부주의한 것만으로 진단하지 않고요, 다양한 모습을 관찰해서 진단을 내립니다. ADHD의 뜻은 '주의력 결핍–과잉행동장애(Attention–deficit Hyeractivity disorder)'입니다. 이름만 봐도 어떤 증상이 나타나는지 다 들어가 있네요. 그리고 ADHD의 교과서적 정의는 "부주의, 무질서, 과잉행동과 충동성을 주된 증상으로 하는 신경행동적 증후군"입니다. 학교 들어가기 전의 아이에게는 '과잉행동'이 주된 문제로 나타나고요. 학교 다니는 아이에게는 '산만함'이 주된 특징입니다. 청소년기에는 과잉행동이 줄어드는 대신, 안절부절못하거나 불안해하고 참을성 없는 모습을 보입니다.

그렇다면 우리 아이가 진짜로 부주의한 특징을 가지고 있는지, 부주의하다면 단순히 부주의한 것뿐인지 아니면 ADHD라서 부주의한 건지를 어떻게 구별할까요? 일단 아래 9가지 중 6가지 이상이 해당되면 '부주의'하다고 볼 수 있어요. ① 일상생활의 여러 면에서 부주의한 모습을 보이는지, ② 집중하기 어려워하는지, ③ 대화에 귀 기울이기가 잘 안 되는지, ④ 주어진 일을 다 마무리하기 어려워하는지, ⑤ 과제나 활동을 체계적으로 하는 걸 어려워하는지, ⑥ 꾸준히 노력해야 하는 것들을 자꾸 피하는지, ⑦ 물건을 자주 잃어버리는지, ⑧ 내부적 자극, 즉 배가 고프다거나 지금 막 생각이 난 것에 정신이 팔리기 쉽고, 외부적 자극, 즉 전화가 온다거나 TV에서 나오는 소리에 쉽게 산만해지는지, ⑨ 양치질 같은, 일상적으로 해야 하는 활동들을 잘 잊어버리는지 아닌지를 잘 지켜보세요.

하지만 아이가 부주의하다고 해서 ADHD가 아닌가 하고 걱정할 필요는 없습니다. ADHD를 진단할 때에는 주의력 결핍(AD) 기준 9개, 과잉행동장애(HD) 기준 9개의 진단 기준에 따라 아이를 자세히 살펴봅니다. 그중에 어느 쪽이든 해당되는 게 6개가 넘어야 ADHD로 진단하는데요, AD만 6개 이상 해당되면 '부주의한 양상 위주로 나타나는 ADHD'이고, HD만 6개 이상 해당되면 '과잉행동 양상 위주로 나타나는 ADHD'입니다. 양쪽 모두 6개가 넘는다면 복합적이라고 하지요. 혹시 6개 넘게 해당된다고 해도 미리 걱정하지는 마세요. 그런 증상들이 적어도 6개월 이상 지속되어야 비로소 ADHD인지 의심할 수 있으니까요.

또한 아이의 연령에 따라서도 진단 기준이 달라집니다. 만일 우리 아이가 만 4살인데 주어진 일을 마무리하지 못한다면 ADHD일까요? 아닙니다. 정상입니다. 4살 아이의 발달 단계에서는 임무 완수가 어려운 게 당연하니까요.

마지막으로, ADHD가 의심되는 증상들의 개수가 6개 이상 나타나고 그 증상들이 6개월 이상 지속된다고 하더라도, 아이가 친구들이랑 어울리거나 학교에서 생활하는 데 아무 문제가 없다면 ADHD로 진단하지 않습니다. 가장 기본으로 삼는 ADHD 진단 기준에 '사회적, 학업적, 직업적 활동에 부정적인 영향을 끼쳐야 한다'고 나와 있으니까요. 산만한 우리 아이가 ADHD인지 걱정되는 마음은 이해가 가지만, ADHD의 진단 기준이 이처럼 철저하니, 미리 걱정할 필요는 없답니다.

PART

02

우리 아이 집중력 단련하기

산만한 아이도 시간이 지나면 나아질 거라 믿는 사람들이 있습니다. 글쎄요, 어느 정도 차분해질 수는 있겠지만, 아무런 노력을 하지 않는다면 본질적으로 변하기는 어렵습니다. 이는 우리의 뇌가 본래 '산만한 뇌'로 설계되어 있기 때문입니다. 생존을 위해 다가오는 위험을 즉시 감지하려면 한 곳에 집중하기보다는 주변을 두루 살피는 것이 더 유리했지요. 정글에서 포식자를 피하려고 끊임없이 두리번거리는 사슴처럼, 작은 움직임에도 위험이 숨어 있을 수 있으니 주변을 예민하게 살피는 것은 본능적으로 당연한 일이었습니다.

그러나 다행스럽게도 뇌는 매우 유연합니다. 인류가 살아온 세월 속에 문자의 역사는 지극히 짧지만, 문자 발명 이후 뇌의 전체적인 기능은 크게 변화했습니다. 수렵과 채집에만 의존하던 시절의 뇌와는 달리, 문자를 읽고 이해하기 위해 뇌의 여러 부위를 활용하며 복잡한 사고 과정을 거쳐야 했기 때문입니다. 그 과정에서 사고력과 집중력을 포함한 뇌의 인지 기능이 크게 발달하게 되었습니다.

변화에 적응하는 능력이 뛰어난 뇌, 즉 가소성 높은 뇌를 만드는 최적의 시기는 2세에서 16세 무렵입니다. 이 시기에는 뇌의 신경 세포 사이를 연결해 주는 시냅스가 가장 왕성하게 형성되며, 새로운 경험을 많이 할수록 시냅스가 폭발적으로 늘어납니다. 이렇게 늘어난 시냅스를 통해 신경 신호가 활발히 오가면서 뇌는 정보를 처리하고, 학습하고, 기억을 쌓아 갑니다. 이후 아이가 어떤 경험을 하느냐에 따라 자주 사용하는 시냅스는 더 강해지고, 잘 쓰지 않거나 필요 없는 시냅스는 가지치기를 통해 제거됩니다. 이런 과정을 거치며 뇌는 꼭 필요한 기능을 더 잘 수행할 수 있도록 효율적으로 발달합니다.

시냅스는 감각, 언어, 인지 능력뿐만 아니라 사회적 기술과도 관련이 있습니다. 영유아기에는 시각, 청각, 촉각 등 감각과 관련된 시냅스가 활성화되고 필요 없는 시냅스는 가지치기 과정을 거칩니다. 10세 이후 청소년기에는 의사 결정, 비판적 사고, 계획 및 통제를 담당하는 전두엽의 시냅스가 본격적으로 발달합니다. 이 시기에는 반복과 연습을 통해 집중력과 관련된 시냅스가 강화되며, 이를 통해 산만했던 아이도 점차 차분해지고 집중력을 발휘할 수 있게 됩니다.

뇌는 발전 가능성이 무한하지만, 동시에 산만한 상태로 머물거나 중독에 빠질 위험도 있습니다. 특히, 조절 능력이 발달하기 전에 게임, 인터넷, SNS, 약물 등에 지나치게 노출되면 이와 관련된 신경 연결망이 강화되어 버려요. 그러나 바람직한 시냅스와 그렇지 않은 시냅스를 부모가 직접 결정할 수는 없습니다. 뇌의 어느 부분이 활성화될지는 아이가 어떤 경험을 하고, 그 경험을 얼마나 자주 반복하느냐에 따라 결정되기 때문입니다.

따라서 의식적인 훈련으로 집중력을 강화해야 합니다. 본능적으로 산만한 뇌를 내가 원하는 일에 몰입할 수 있는 뇌로 훈련해야 합니다. 온갖 자극이 방해를 하더라도, 아이들은 중독에 빠지기 전에 먼저 집중하는 법을 배워야 합니다. 뇌는 환경과 경험에 따라 끊임없이 변화하고 성장하기 때문에, 아이 스스로 집중력을 발달시킬 수 있도록 많이 경험하고 활동해야 합니다. 아이들의 집중력 발달을 위해 몸, 마음, 머리, 환경이라는 주요 요소를 중심으로 다음 솔루션들을 실천해 보세요. 뇌의 무한한 가능성만큼이나 아이의 끝없는 잠재력을 열어 줄 수 있을 것입니다.

몸

최상의 컨디션을
유지하라

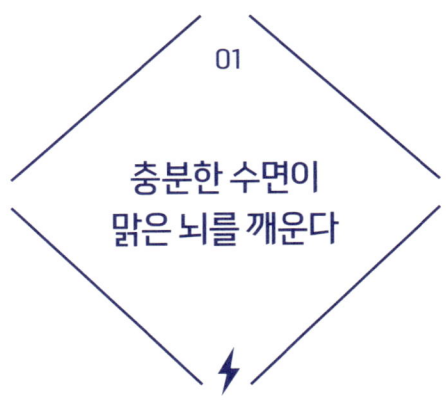

수면 부족은 뇌를 피곤하게 한다

사람은 하루 24시간 중 약 3분의 1을 잠으로 보냅니다. 잠은 사람의 건강을 유지하기 위한 필수 요소입니다. 신체적 건강뿐 아니라 정신적 건강을 위해서도 충분히 자야 합니다. 보통 성인은 7~8시간, 어린이는 9~11시간 동안 자는 것이 좋습니다.

잠을 제대로 못 잔 다음 날, 정신이 몽롱하고 집중력이 떨어지는 경험은 누구나 해 봤을 거예요. 과학적 근거를 굳이 들지 않아도, 우리는 몸소 수면의 중요성을 느끼곤 합니다. 하지만 여전히 수면에 대한 인식은 그리 너그럽지 못합니다. '4당 5락'이라는 말처럼, 잠을 줄여서 공부하거나 일을 더 하는 것이 미덕으로 여겨지기도 합니다. 잠을 충분히 자면 뭔가 손해 보는 느낌이 들기도 해요.

우리나라는 전 세계적으로 수면 부족이 심각한 국가로 꼽힙니다. 특히 청소년과 어린이의 수면 부족 문제는 점점 심각해지고 있어요. 여러 통계 자료에 따르면, 우리나라 초등학생의 약 3분의 1이 수면 부족을 겪고 있습니다. 초등학교 4~6학년 학생들의 평균 수면 시간은 9~11시간보다 약 1시간 정도 부족한 실정입니다. 아동복지 전문기관 초록우산의 '2024 아동행복지수'에 따르면, 고등학생의 하루 평균 수면 시간은 6시간 42분에 불과했습니다. 고등학생 응답자의 70.4%가 수면 부족을 느낀다고 답했고, 18.7%는 불면증을 겪고 있다고 했습니다. 불면증의 주된 원인으로는 '휴대폰과 태블릿 PC 같은 미디어 활동'이 29.2%를 차지했습니다. 특히, 잠자리에 누워 릴스나 쇼츠를 1시간 이상 시청하는 게 일상이 되었다고 응답한 학생들이 많았습니다.

이처럼 심각한 수면 부족에 시달리고 있는 아이들은 아침에 일어나도 개운하지 않아 몸이 무겁고 찌뿌둥한 상태로 하루를 시작합니다. 상쾌함 대신 짜증이 밀려오고, 몽롱한 상태로 학교에 가게 되죠. 이로 인해 과도하게 예민해지고, 수업 중에는 졸음 때문에 바른 자세로 공부하기 어렵고, 집중력도 떨어집니다. 작은 일에도 쉽게 좌절하며 의욕을 잃고 무기력해지는 경우도 많습니다. 이러한 수면 부족이 계속되면 결국 만성 피로 상태에 이르게 됩니다.

성장기 아이들의 수면 부족 문제는 더욱 주의를 기울여야 합니다. 지속적인 수면 부족은 아이들의 성장과 건강에 영향을 미칩니다. 면역력이 약해져 감염 위험이 커질 뿐 아니라, 불안이나 우울증 같은 정서적 문제를 초래할 수 있습니다. 뇌 발달에도 부정적인 영향을 미쳐 기억력과 주의력, 학습 능력이 떨어지게 됩니다.

잠을 충분히 자는 것이 좋습니다. 잠을 자야지만 신체 회복이 됩니다. 수면은 몸과 뇌에 휴식을 제공하며 다음 신체 활동을 준비시킵니다. 활동 중 발생한 뇌의 노폐물을 처리하는 일도 잠을 잘 때 일어납니다. 충분한 수면을 취해야 손상된 조직이 복구되고 몸에 필요한 에너지가 생성됩니다. 성장 호르몬도 깊은 잠을 잘 때 가장 많이 분비되는 걸로 알려져 있어요. 또한, 깊은 잠을 자는 동안 뇌는 습득한 기억을 장기 기억 창고로 보냅니다. 이 과정을 통해 기억의 연결망이 촘촘해지고 정보를 잘 처리하게 됩니다. 이는 창의적인 사고 기능을 높이는 데도 도움이 됩니다.

아이의 신체 발달 및 뇌 발달을 위해서 충분한 수면 시간을 확보해 주세요. 밤늦게까지 집중하지 못한 채 책상에 앉아 있는 것보다 푹 자고 맑은 정신으로 활동하는 것이 훨씬 효율적입니다. 잠은 몸의 회복, 호르몬 균형, 뇌의 노폐물 제거, 면역력 강화, 기억 저장 등 여러 중요한 역할을 한다는 것을 기억하세요. 잠이 보약입니다.

집중력 단련을 위한 수면 습관 들이기

지금 아이의 수면 습관은 어떤가요? 아이가 충분히 자고 있는지, 혹은 조그만 소리에도 쉽게 깨는지 살펴보세요. 잠자리에 누운 뒤에도 30분 이상 뒤척이는지, 자다가 중간에 깨는지도 관찰할 필요가 있습니다. 만약 아침에 일어나기 힘들어하고, 낮에 기운이 없어 보인다면, 아이의 수면 습관을 잘 살펴보고 바람직한 방향으로 개선해야 합니다.

가장 기본적인 수면 습관은 규칙적으로 일찍 자고 일찍 일어나는 것입니다. 뇌가 맑은 정신으로 활동하는 시간은 보통 아침에 일어나서 2시간 뒤부터입니다. 학교 일과가 9시에 시작되므로, 아이가 7시에 일어나는 습관을 들이도록 해 보세요. 아울러 뇌를 맑게 하고 작업 능률을 높이기 위해 다음 내용을 실천해 보시길 바랍니다.

첫째, 적절한 수면 시간을 유지합니다. 미국 수면 재단에 따르면, 어린이는 9~11시간 자는 것이 가장 좋다고 말합니다. 너무 적게 자도, 너무 많이 자도 건강을 해친다고 해요. 권장 시간을 기준으로 하되, 아이의 개별적인 성향에 맞게 시간을 조절하세요. 예를 들어, 아이가 9시간 정도 잤을 때 개운하다면, 아침 7시에 일어나기 위해 밤 10시에 잠자리에 드는 습관을 들여야 합니다.

둘째, 편안한 마음으로 잠들 수 있게 합니다. 다음 날 중요한 시험이 있거나, 마음을 들뜨게 하는 체험 학습이 있으면 잠들기 어려울 수 있어요.

하지만 마음이 편안해야 숙면할 수 있습니다. 잠들기 전에는 스트레스가 없는 상태여야 합니다. 스트레스는 마음처럼 조절이 잘 안 되기 때문에 평소 긍정적으로 생각하는 습관을 들이는 것이 좋습니다. 만약 아이가 생각이 많아 잠들기 힘들어한다면, 호흡에 집중하는 간단한 명상을 하거나 몸과 마음을 느슨하게 풀어 주는 연습을 함께 해 보세요.

셋째, 아늑한 침실 환경을 조성합니다. 침실 온도는 22~26도가 적당하며, 암막 커튼이나 블라인드를 이용해 실내를 어둡게 합니다. 만약, 아이가 어둠을 무서워한다면, 수면을 방해하지 않도록 은은한 간접 조명을 사용하세요. 습도 역시 중요하므로 50% 정도를 유지할 수 있도록 해 주세요. 건조할 때는 가습기를 활용하세요.

넷째, 잠들기 전 디지털 기기를 멀리하게 합니다. 전자 기기에서 나오는 빛은 몸속 수면 호르몬인 멜라토닌이 잘 나오지 않게 만들어 숙면을 방해하기 때문입니다. 또한 디지털 콘텐츠를 보면 뇌가 각성 상태가 되고, 눈이나 목 등이 피로해져 깊은 잠을 자기가 어려워져요. 잠들기 전에는 독서나 가벼운 스트레칭 같은 정적인 활동을 해야 합니다.

다섯째, 주말이나 방학에도 평소와 동일한 시간에 자고 일어나게 합니다. 우리 몸은 생체 리듬에 맞춰 규칙적으로 움직이려는 경향이 있어요. 주말이나 방학이라고 늦게 자고 늦게 일어나면, 평일이 되었을 때 일상생활에 적응하느라 많은 에너지를 소모하게 됩니다. 이 과정에서 집중력과 학업 효율성이 떨어지기 쉽습니다.

여섯째, 야식은 먹지 않도록 합니다. 밤에 음식을 먹으면, 자는 동안에도 소화 기관이 쉬지 못하고 계속 일해야 합니다. 이는 에너지를 소모시킬 뿐만 아니라, 속이 더부룩해져 깊은 잠을 자는 것을 방해합니다. 생체 리듬이 깨지면서 다음 날까지도 피로감이 이어집니다. 따라서 잠들기 2시간 전에는 음식을 먹지 않는 것이 좋습니다.

일곱째, 낮에 신체 활동을 하게 합니다. 일주일에 꾸준히 2~3회 운동을 하면 불면증 위험이 줄어들고 수면의 질이 좋아집니다. 햇빛을 충분히 쐬며 운동하면 숙면에 도움이 될 뿐만 아니라 신체 건강까지 챙길 수 있습니다. 하지만 밤늦게 하는 운동은 몸을 각성 상태로 만들어 숙면을 방해할 수 있으니 피해야 합니다.

여덟째, 부모도 건강한 수면 습관을 유지해야 합니다. 영국 워릭대학교와 스위스 바젤대학교의 공동 연구에 따르면, 부모가 불면증을 겪으면 자녀의 수면의 질도 낮아진다고 합니다. 이는 아이의 수면 습관이 부모의 영향을 받는다는 점을 보여 줍니다. 또한, 아이는 깨어 있는데 부모는 자고 있다면, 제대로 된 보살핌이 이루어지지 않을 것입니다. 부모와 아이가 비슷한 생체 리듬을 유지할 때, 아이가 건강한 수면 습관을 형성할 수 있습니다.

우리 아이 집중력 단련하기 - 몸 1	
솔루션 ① 집중력 단련을 위한 수면 습관 들이기	
0	규칙적인 수면 습관 갖기
1	적절한 수면 시간 유지하기
2	편안한 마음 상태 유지하기
3	아늑한 침실 환경 조성하기
4	자기 전 디지털 기기 멀리하기
5	주말이나 방학에도 수면 루틴 지키기
6	야식 먹지 않기
7	햇빛 쐬며 낮에 운동하기
8	부모도 건강한 수면 습관 유지하기

잠을 24시간 동안 자지 않으면 혈중 알코올 농도 0.1%와 비슷한 상태가 된다는 연구 결과가 있습니다. 아이를 이런 흐릿한 정신 상태로 책상에 앉히고 싶지는 않을 겁니다. 아이가 맑은 정신을 되찾고, 아침에 누가 깨우지 않아도 스스로 푹 자고 개운하게 일어나도록 도와주세요. 수면 시간과 수면의 질은 뇌 건강에 직접적인 영향을 미칩니다. 잠자는 시간은 낭비가 아니라 몸과 마음을 충전하는 소중한 시간이란 걸 잊지 마세요.

바로 써먹는 일주일 집중력 단련 워크시트

☑ 몸 1. 집중력 단련을 위한 수면 습관 들이기

		월	화	수	목	금	토	일
0	규칙적인 수면 습관 갖기	평일 아이의 취침 시간과 기상 시간을 적는다.						
1	적절한 수면 시간 유지하기	일주일 동안의 총 수면 시간을 적는다. (어린이 권장 취침 시간 : 9~11시간)						
2	편안한 마음 상태 유지하기	일주일 동안 아이의 잠을 방해하는 생각이 있는지 적는다.						
3	아늑한 침실 환경 조성하기	아이 방 침실 온도, 습도, 취침 시 조명의 밝기(조도)가 적당했는지 체크한다. 온도 ○ △ X 습도 ○ △ X 조도 ○ △ X	온도 ○ △ X 습도 ○ △ X 조도 ○ △ X	온도 ○ △ X 습도 ○ △ X 조도 ○ △ X	온도 ○ △ X 습도 ○ △ X 조도 ○ △ X	온도 ○ △ X 습도 ○ △ X 조도 ○ △ X	온도 ○ △ X 습도 ○ △ X 조도 ○ △ X	온도 ○ △ X 습도 ○ △ X 조도 ○ △ X
4	자기 전 디지털 기기 멀리하기	자기 전 1시간 이내 디지털 기기 사용 시간을 적는다.						
5	주말이나 방학에도 루틴 지키기	주말 동안 취침 시간과 기상 시간을 적는다.						
6	야식 먹지 않기	잠들기 2시간 전에 야식을 먹었는지 안 먹었는지 적는다.						
7	햇빛 쐬며 낮에 운동하기	날마다 야외에서 어떤 운동을 얼마나 했는지 적는다.						
8	부모도 건강한 수면 습관 유지하기	날마다 아이와 함께 부모도 수면 습관을 위해 어떤 노력을 했는지 적는다.						

운동하면 머리가 좋아진다

하버드대학교의 저명한 뇌 의학 전문가 존 레이티(John J. Ratey)와 에릭 헤이거먼(Eric Hagerman) 교수는 2009년 「운동화 신은 뇌」라는 논문을 발표했으며, 이 논문은 이후 책으로 출간되어 스테디셀러로 자리 잡았습니다. 이 논문은 미국 일리노이주 네이퍼빌 203학군(초등학교 14, 중학교 5, 고등학교 2)의 약 1만 9천 명의 학생들이 참여한 0교시 체육 수업 사례를 다루었습니다. 학생들은 1교시가 시작되기 전에 약 1.6km를 달리는 아침 유산소 운동을 실천했으며 결과는 놀라웠습니다. 심박수를 높이는 아침 체육 활동 덕분에 학업 성취도가 몰라보게 성장한 것입니다. 문해력이 눈에 띄게 좋아졌을 뿐만 아니라, 과학 분야 국제적 평가에서 세계 1위를 차지하고,

수학에서는 6등을 기록하는 등 네이퍼빌 203학군은 전국에서 가장 건강하고 학업 성취도가 높은 학군으로 변화했습니다. 네이퍼빌의 체육 교사 필롤러는 "우리 체육 교사들은 뇌세포를 만들어 냅니다. 그 뇌세포에 내용을 채워 넣는 것은 다른 교사들 몫이고요"라며 체육의 중요성을 강조했습니다.

뇌는 수많은 신경 세포들이 얽혀 있는 복잡한 구조를 가지고 있습니다. 몸을 움직이면 혈관과 세포가 강화되고, 신경전달물질이 증가하면서 뇌가 활발하게 작동합니다. 이 과정에서 신경 세포들 간의 연결이 촉진되어 학습이 더 효과적으로 이루어집니다. 따라서 수업 전에 유산소 운동을 하면 뇌가 활성화되어 새로운 정보를 받아들일 준비가 한층 더 잘 갖춰지게 됩니다.

운동을 하면 학습 의욕과 동기를 높여 주는 도파민, 행복감을 느끼게 하고 몸의 리듬을 조절해 주는 세로토닌, 주의력과 기분을 조절해 주는 노르에피네프린 같은 신경전달물질이 분비됩니다. 이 물질들은 뇌의 균형을 맞추고 뇌 기능이 더욱 원활하게 작동하도록 도와줍니다. 존 레이티 교수는 '인간을 포함한 모든 동물은 움직이면서 살도록 되어 있고, 운동의 진정한 목적은 뇌의 구조를 개선하는 것'이라며 운동의 중요성을 강조했습니다.

운동은 신체 건강에 좋을 뿐만 아니라, 스트레스를 줄이고 정신 건강에도 긍정적인 영향을 준다고 잘 알려져 있습니다. 더 나아가 「운동화 신은 뇌」라는 논문에서 증명했듯이, 운동은 뇌의 기능을 향상시키고 인지 능력을 강화합니다. 운동을 통해 기억력이 좋아지고, 집중력이 향상되며, 학습 속도까지 빨라질 수 있습니다. 이렇게 많은 장점이 있는데, 운동을 하지 않을 이유가 없습니다.

안타깝게도 우리나라 청소년 중 94%는 권장 운동량을 채우지 못하고 있습니다. 2019년 세계보건기구(WHO)가 146개국의 11~17세 학생들을 대상으로 운동량을 조사한 결과, 우리나라가 꼴찌를 기록했습니다. 일주일에 단 한 번이라도 30분 이상 운동하는 학생은 겨우 47.9%뿐이었습니다.

일부 학부모들은 학교에서 하는 체육 활동에도 불만을 품습니다. '운동할 시간에 공부를 더 해야 한다'며 운동의 필요성을 간과합니다. 심지어 정규 과정에 포함된 체육 시간마저도 교사의 재량에 따라 이론 수업이나 자습 등으로 대체되어, 제대로 된 신체 활동이 이루어지지 않기도 합니다.

가정에서라도 운동할 수 있다면 좋으련만 아이들은 학원에 가느라 바쁩니다. 방과 후 영어 학원, 수학 학원을 오가느라 놀이터에서 뛰어놀 시간조차 없어요. 해가 저물어서야 집에 들어오니 운동할 힘이 남아 있지 않습니다. 초등학교 저학년 시절에 다니는 태권도 학원, 줄넘기 학원, 발레 학원 등에서 운동할 수 있다면 그나마 다행입니다.

뇌는 쓰면 쓸수록 좋아집니다. 뇌는 모든 신체 감각과 연결되어 있어, 운동을 하면 감각 신호가 뇌로 전달되며 뇌가 활발히 활동해요. 마치 몸에 근육이 생기듯, 신체 운동을 통해 뇌의 '집중력 근육'도 단단해집니다. 운동은 시간 날 때 하는 것이라는 인식부터 바꿔야 할 것입니다. 아이의 체력을 위해서도, 뇌 근육을 위해서도 운동은 반드시 필요합니다.

집중력 단련을 위한 운동 습관 들이기

"이번에 초등학교 입학하면 바로 태권도 학원에 보낼 생각이야."

아이가 초등학교 1학년이 되면 대중적으로 보내는 학원이 있습니다. 피아노 학원과 태권도 학원입니다. 그중에서도 태권도 학원은 우리나라 고유의 무예를 통해 아이의 신체 능력을 발달시키고, 동시에 예의범절을 가르치고 있어서 인기가 많습니다. 요즘은 태권도 학원에서 태권도만 가르치지 않습니다. 아이들 눈높이에 맞추어 피구, 달리기, 줄넘기 등 생활 체육을 곁들여 아이들이 지루해하지 않고 즐겁게 운동하도록 합니다.

이처럼 사교육의 힘을 빌리면 집에서 일일이 챙기지 않아도 규칙적인 운동 습관을 들일 수 있다는 장점이 있습니다. 그러나 초등학교 저학년 때 다니던 운동 관련 학원은 학년이 올라가면서 점점 공부에 밀려 정리의 대상이 되기도 합니다. 운동이 뇌를 발달시킨다는 사실을 믿고, 입시로 바쁜 고등학교 3학년 시기에도 규칙적으로 운동할 수 있도록 노력해야 합니다.

세계보건기구는 어린이와 청소년들이 매일 적어도 합계 60분 땀 날 정도의 격렬한 강도로 신체 활동을 해야 한다고 권고하고 있습니다. 근육과 뼈 강화 활동을 주 3회 이상 포함하도록 합니다. 가정에서 하는 개인 운동, 학교에서의 체육 수업, 놀이, 여가 등이 포함된 시간이니 운동을 낭비의 시간이라 생각하지 말고 기회라고 여겨 시간을 확보해야 합니다.

한 가지 운동을 꾸준히 시키려 할 때는 아이의 흥미에 맞는 운동을 선택해야 합니다. 예를 들어, 기질적으로 타인과 부딪치는 것을 꺼리는 아이에게 축구는 알맞지 않아요. '남자는 축구지!'라며 고집하지 말고, 아이가 재미를 느끼며 꾸준히 할 수 있는 운동 종목을 고르는 편이 현명합니다.

초등학교 저학년과 고학년은 발달 단계가 다르기 때문에 운동 방식도 달라야 합니다. 저학년은 집중 시간이 짧고 모험을 좋아하므로, 간단한 규칙과 재미있는 활동, 그리고 짧은 시간을 활용한 운동이 잘 맞습니다. 반면, 고학년은 생각하는 능력이 발달해 복잡한 규칙도 이해할 수 있으니, 전략을 세우거나 연습이 필요한 스포츠를 선택할 수 있습니다.

초등학생에게 일반적으로 알맞은 운동은 줄넘기, 달리기, 자전거 타기, 수영, 축구, 야구 등이 있습니다. 그중 줄넘기는 준비물이 간편하고 손쉽게 할 수 있어 학교에서도 적극적으로 활용하지요. 줄넘기는 대표적인 유산소 운동으로, 심폐 지구력 향상에 효과가 좋고 민첩성과 순발력도 키워 주지요. 만약 아이가 운동에 큰 관심이 없다면, 줄넘기 하나만으로도 충분합니다.

운동의 효과는 바로 나타나지 않습니다. 줄넘기에서 2단 뛰기를 하거나 태권도에서 품새를 익히려 해도 일정 기간 참고 견디는 과정을 거쳐야 하지요. 아직 자기 조절력이 부족한 어린이들은 이 기간을 견디지 못하고 운동을 금방 포기하기도 합니다. 그러니 운동을 할 때 구체적인 목표를 설정하는 것이 좋습니다. 목표를 이루는 과정에서 성취감을 느끼고, 몰입을 통해 집중력도 더욱 키울 수 있습니다.

우리 아이 집중력 단련하기 - 몸 2	
솔루션 ② 집중력 단련을 위한 운동 습관 들이기	
0	규칙적으로 운동하기
1	유산소 운동을 주력으로 하기
2	흥미에 맞는 운동 하기
3	발달 단계에 맞는 운동 하기
4	운동 목표 구체적으로 세우기

어른도 운동을 무리하게 하면 근육을 다칠 수 있듯이, 아이도 무리한 운동은 피해야 합니다. 아이가 적당한 시간과 강도를 유지하며 즐겁게 운동할 수 있는 환경을 만들어 주세요. 먼저, 유산소 운동을 포함한 다양한 신체 활동을 경험하도록 해 보세요. 그런 다음, 아이의 흥미와 관심을 살펴보고 꾸준히 할 수 있는 운동을 선택하는 것이 좋습니다. 운동하기 전 가벼운 준비 운동은 필수입니다. 각 스포츠에 맞는 복장과 장비도 잘 갖추어 안전하게 운동해야겠지요. 운동하는 동안 '뇌도 함께 운동하고 있구나'라고 생각하면, 운동의 즐거움과 효과를 더욱 느낄 수 있을 것입니다.

> **바로 써먹는 일주일 집중력 단련 워크시트**

☑ 몸 2. 집중력 단련을 위한 운동 습관 들이기

		월	화	수	목	금	토	일
0	규칙적으로 운동하기	일주일 동안 아이가 운동한 시간을 적는다.						
1	유산소 운동을 주력으로 하기	날마다 어떤 유산소 운동을 했는지 적는다.						
2	흥미에 맞는 운동 하기	평소 아이가 좋아하는 신체 활동이나 스포츠가 무엇인지 적는다.						
3	발달 단계에 맞는 운동 하기	아이의 발달 단계에 맞는 운동이 무엇인지 체크한다.						
		줄넘기	수영	야구	축구	농구	태권도	기타 :
4	운동 목표 구체적으로 세우기	일주일 동안의 운동 목표를 구체적으로 작성한다.						

03
건강한 식사가 튼튼한 뇌를 만든다

올바른 식습관이 집중력을 높인다

"아침은 먹었니?"

조회 시간, 대용량 커피를 들고 온 고등학교 3학년 학생에게 물어보니, 아침밥 대신에 카페라테를 마신다고 대답했어요. 카페인이 정신을 번쩍 들게 하고 우유가 빈속을 달랜다나요.

'아침은 황제처럼, 점심은 왕자처럼, 저녁은 거지처럼 먹어라'라는 말이 있듯이, 아침 식사의 중요성은 이미 잘 알려져 있습니다. 그러나 아침을 거르고 등교하는 학생이 여전히 많습니다. 통계에 따르면, 우리나라 중고등학생 3명 중 1명은 아침을 먹지 않는다고 합니다. 밥보다 잠을 선택하겠다고 당당하게 말하는 학생들도 있습니다.

아침을 먹지 않으면 신체 건강에 문제가 생길 수 있고, 집중력에도 좋지 않은 영향을 미칩니다. 밤에 잠을 자는 동안 우리 몸은 회복을 위해 여러 가지 활동을 하면서 에너지를 모두 사용해요. 그래서 아침 식사로 몸과 뇌에 필요한 에너지를 채워야 합니다. 그런데 아침을 거르면 영양소가 공급되지 않아 혈당이 떨어지고, 뇌는 주요 에너지인 포도당이 부족해 제대로 작동하지 못하게 됩니다. 이로 인해 집중력, 기억력과 같은 인지 능력이 떨어지게 되지요.

아침 식사와 수능 성적 간의 상관관계를 조사한 연구도 이를 뒷받침합니다. 매일 아침 식사를 하는 학생들의 수능 점수가 아침을 거르는 학생들보다 평균 20점 정도 높았다는 결과가 나왔습니다. 다양한 이유가 있을 테지만, 아침을 먹어서 밤새 소모된 열량이 정상적으로 회복되어 집중력 향상에 도움이 되었다고 볼 수 있습니다.

아침 대신 카페라테 한 잔은 괜찮을까요? 아니요. 커피에 들어 있는 카페인은 성장기 아이들에게 매우 해롭습니다. 성인에 비해 청소년들은 적은 양만 섭취해도 부작용을 겪을 수 있어요. 두근거림과 불안, 불면증까지 나타날 수 있습니다. 또한 카페인이 칼슘 흡수를 방해한다고 하니, 성장기 아이들의 커피 섭취는 주의해야 해요.

아침 식사의 중요성은 두말할 필요가 없습니다. 삼시 세 끼 규칙적인 식사가 건강에 좋다는 걸 모르는 사람도 없을 테지요. 이제 중요한 문제는 '어떤 음식을 먹을 것인가?'입니다. '성장기 아이들은 무조건 많이 먹어야 한다. 나중에 다 키로 간다'는 생각으로 몸에 좋지 않은 음식을 마음껏 먹게 둔다면, 오히려 뇌 활동이 저하되고 비만이나 성인병 같은 건강 문제를 초래할 수 있습니다.

초등학생들 사이에 설탕을 입힌 간식인 탕후루가 큰 인기를 끈 적이 있습니다. 탕후루 하나에는 14~27g의 당분이 들어 있습니다. 과일 및 천연식품에 들어 있는 건강한 당분이 아닌 가공된 당분이지요. 더구나 하루에 탕후루 하나만 먹지 않잖아요. 학원을 마치고 사 마신 스무디 한 컵에는 각설탕 17개 분량에 해당하는 약 52.5g의 당분이 들어 있습니다. 세계보건기구는 하루 총 열량의 10%의 당 섭취를 권고하고 있습니다. 12~14세 청소년기 남자아이(총 열량 2,500kcal 기준)를 예로 들면, 약 25g 정도가 권장량입니다. 하지만 탕후루 두 개나 스무디 한 잔만으로도 이미 하루 권고 섭취량을 초과하게 됩니다.

당분을 많이 섭취하게 되면 혈당이 빠르게 올라갔다가 급격하게 떨어집니다. '당 떨어진다'는 상태가 이 과정에서 발생하며, 기분도 같이 저하됩니다. 이러한 혈당 변화는 뇌에서 기분과 정서를 조절하는 신경전달물질이 제대로 역할을 하지 못하게 만듭니다. 결과적으로 기분이 불안정해지고 집중력이 떨어지며, 뇌의 전반적인 기능도 저하됩니다.

성장기 아이의 건강한 신체와 똑똑한 뇌를 위해서는 올바른 식습관을 형성해야 합니다. 균형 잡힌 식습관을 갖도록 지도하며, 영양소를 골고루 섭취해 아이들이 튼튼하게 자랄 수 있도록 해야 합니다.

집중력 단련을 위한 식습관 들이기

수면 습관이나 운동 습관처럼 식습관도 규칙적으로 지키는 것이 중요합니다. 규칙적인 식사는 몸에 에너지를 꾸준히 공급해 주고, 신진대사를 안정적으로 유지시켜 줍니다. 또한 혈당 조절을 돕는 인슐린이 잘 작동하게 하고, 뇌와 몸이 에너지를 효율적으로 사용하도록 도와줍니다. 더불어 소화 기관에 부담을 덜어 주어 몸을 건강하게 만들어 줍니다. 규칙적인 식습관은 몸뿐만 아니라, 마음도 편안하게 해 줘요. 스트레스와 피로감을 줄여 주어 집중력을 높이고 업무나 학업의 능률을 향상시킵니다.

아이의 식습관 형성에는 부모의 역할이 매우 중요합니다. 아이는 부모가 주는 음식을 그대로 먹기 때문입니다. 따라서 아이의 성장과 발달을 위해 다음 요소들을 신경 쓰며 규칙적인 식습관을 만들어 주세요.

첫째, 일정한 시간에 식사합니다. 매일 같은 시간에 식사하도록 노력합니다. 아침, 점심, 저녁은 물론, 간식도 정해진 시간에 맞춰 먹는 것이 좋습니다. 이렇게 하면 에너지를 규칙적으로 공급할 수 있습니다. 과식을 예방하고 체중 관리에도 도움을 주지요. 또 규칙적인 생체 리듬을 유지하게 되어 정신 건강에도 긍정적인 영향을 줍니다. 식사 시간뿐만 아니라 밥을 먹는 속도도 중요합니다. 급하게 먹기보다는 천천히 20분 이상 섭취하는 게 좋습니다.

둘째, 식사 시간에 집중하게 합니다. 식사 중 유튜브를 시청하거나 책을 보는 아이들이 있습니다. 이는 멀티태스킹처럼 보이지만, 실제로는 집중력을 높이기보다 오히려 떨어뜨리는 행동입니다. 식사 중 영상을 시청하면 음식에 집중하기 어려워지고, 식사량 조절이 힘들어져 소화 불량으로 이어질 수 있어요. 또, 가족 간 대화가 줄어들어 서로 소통이 잘 안 될 수도 있습니다.

셋째, 영양소를 골고루 갖춘 식사를 제공합니다. 성장기 아이들에게는 그 어느 시기보다 충분한 영양 공급이 필요합니다. 연령에 맞는 열량을 확인하고, 식사의 질에도 신경을 써야 합니다. 세 끼를 규칙적으로 챙기고, 탄수화물, 단백질, 칼슘, 비타민 등 다양한 영양소를 골고루 섭취하도록 합니다. 아이의 키, 체중, 활동량에 맞게 식단을 구성하며, 과식이나 폭식을 피하고 정해진 열량에 맞춰 식사하게 합니다.

☑ 소아와 청소년의 1일 열량과 단백질 영양 섭취 기준

성별	연령	에너지 필요 추정량(kcal/일)	단백질(g/일)	
			평균 필요량	권장 섭취량
남	6~8세	1,700	30	35
	9~11세	2,000	40	50
	12~14세	2,500	50	60
	15~18세	2,700	55	65
여	6~8세	1,500	30	35
	9~11세	1,800	40	45
	12~14세	2,000	45	55
	15~18세	2,000	45	55

출처_보건복지부, 한국영양학회(2022), 2020 한국인 영양소 섭취 기준 활용

넷째, 몸에 좋지 않은 음식은 멀리하게 합니다. 가공식품 대신 천연 재료로 만든 음식을 먹어야 합니다. 가공식품은 편리하지만 지방과 설탕이 많이 들어 있어 아이들의 성장에 해롭습니다. 예를 들어, 콜라 같은 탄산음료는 칼슘 흡수를 방해하고, 인스턴트 음식은 성장 호르몬의 분비를 감소시킵니다. 튀긴 음식은 콜레스테롤 함량이 높아 성인병의 원인이 됩니다. 가공식품이나 청량음료에 들어 있는 인공 색소와 감미료가 전두엽에 나쁜 영향을 미쳐 집중력을 떨어뜨린다는 연구 결과도 있습니다.

다섯째, 집중력을 높이는 음식을 제공합니다. 뇌 발달에 도움이 되는 식재료를 활용해 식단을 구성하세요. 오메가-3 지방산이 풍부한 연어, 고등어, 호두는 대표적으로 뇌 건강에 유익한 식품입니다. 블루베리와 블랙베리 같은 베리류에 들어 있는 파이토케미컬은 뇌세포를 보호하고 뇌를 활발하게 만들어 줍니다. 이외에도 녹색 잎 채소, 계란, 콩류 등을 식단에 넣어 주세요. 그 속에 들어 있는 다양한 영양소 역시 뇌 기능을 강화하고 집중력을 높여 줍니다.

여섯째, 아침 식사를 거르지 않게 합니다. 앞서 아침 식사의 중요성을 강조한 만큼, 아침 식사는 꼭 챙겨 주세요. 설탕이 많이 들어간 시리얼이나 흰 식빵보다는 혈당을 천천히 올려 주는 밥이나 오트밀이 더 좋습니다. 점심까지 에너지를 유지할 수 있도록 달걀이나 닭고기 같은 단백질 식품도 챙겨 주세요. 시금치, 케일 등의 녹황색 채소를 곁들이면 좋습니다.

일곱째, 부모가 먼저 올바른 식습관을 갖도록 합니다. 부모가 모두 비만인 경우 아이도 비만이 될 확률이 높습니다. 부모가 밥을 빨리 먹으면 아이는 그대로 따라 합니다. 아이의 식단을 부모가 짜고, 아이는 음식을 부모에게 의존하기 때문에 더 신경 써야 합니다. 또한 밥상머리 교육도 부모가 중심이 됩니다. 가족 식사 시간에 부모가 휴대폰만 보고 아이와 소통하지 않으면, 아이도 그대로 따라 합니다. 건강한 음식을 준비하고, 가족과 대화를 나누며 풍요로운 식사 시간을 만들어 보세요.

우리 아이 집중력 단련하기 - 몸 3	
솔루션 ③ 집중력 단련을 위한 식습관 들이기	
0	규칙적인 식사하기
1	일정한 시간에 식사하기
2	식사 시간에 집중하기
3	영양소를 골고루 갖춘 식사 하기
4	몸에 좋지 않은 음식 멀리하기
5	집중력을 높이는 음식 먹기
6	아침 식사 거르지 않기
7	부모도 올바른 식습관 갖기

규칙적인 식사와 건강한 재료로 만든 영양가 있는 음식은 몸을 건강하게 하고, 삶에 활력을 줍니다. 이런 음식은 뇌를 포함한 몸의 모든 기관이 잘 작동하도록 도와줍니다. 하지만 아이들은 단맛이나 자극적인 음식을 좋

아하기 때문에 부모의 지도가 꼭 필요합니다. 신선한 재료로 아이의 식단을 준비하고, 부모가 올바른 식습관을 실천해 아이에게 좋은 본보기가 되어 주세요. 아이가 더 건강하고 활기찬 삶을 살아가는 데 큰 도움이 될 것입니다.

바로 써먹는 일주일 집중력 단련 워크시트

☑ 몸 3. 집중력 단련을 위한 식습관 들이기

		월	화	수	목	금	토	일
0	규칙적인 식사하기	일주일 동안 아이가 규칙적인 시간에 식사했는지 실천 내용을 평가한다.						
		잘함/보통/부족	잘함/보통/부족	잘함/보통/부족	잘함/보통/부족	잘함/보통/부족	잘함/보통/부족	잘함/보통/부족
1	일정한 시간에 식사하기	일주일 동안 같은 시간에 식사했는지, 식사 시간이 얼마나 걸렸는지 적는다.						
2	식사 시간에 집중하기	식사 시간에 집중을 방해하는 요소를 적는다.						
3	영양소를 골고루 갖춘 식사 하기	날마다 단백질, 칼슘, 비타민 등 영양소를 골고루 섭취했는지 실천 내용을 평가한다.						
		잘함/보통/부족	잘함/보통/부족	잘함/보통/부족	잘함/보통/부족	잘함/보통/부족	잘함/보통/부족	잘함/보통/부족
4	몸에 좋지 않은 음식 멀리하기	일주일 동안 먹은 몸에 좋지 않은 음식을 적고 반성하게 한다.						
5	집중력을 높이는 음식 먹기	집중력을 높이는 음식(오메가-3 지방산이 풍부한 음식, 베리류 등) 중 무엇을 챙겨 먹었는지 적는다.						
6	아침 식사 거르지 않기	아침에 무엇을 먹었는지 날마다 간단하게 적는다.						
7	부모도 올바른 식습관 갖기	일주일 동안 부모가 올바른 식습관을 실천했는지 내용을 평가한다.						
		잘함/보통/부족	잘함/보통/부족	잘함/보통/부족	잘함/보통/부족	잘함/보통/부족	잘함/보통/부족	잘함/보통/부족

마음

집중력의 중심을 세워라

메타인지가 집중력을 지배한다

전교 1등은 뇌 모양이 다르다는 걸 알고 계시나요? KBS 1TV '시사 기획 창'에서 방영된 프로그램 '전교 1등은 알고 있는 공부에 대한 공부'에서 흥미로운 연구가 있었습니다. 연구진은 고등학교 1학년 학생 9명의 뇌를 자기공명영상(MRI)으로 3차원 촬영하고 학생들의 국어, 영어, 수학 점수를 컴퓨터에 입력한 후 뇌 구조를 비교했어요. 그 결과, 성적이 좋은 학생들은 집중력과 주의력을 담당하는 전전두엽이 두꺼운 경향으로 나타났어요. 주의력뿐 아니라 논리적 판단, 문제 해결 능력, 추리력, 계획 등 고차원적인 인지 능력을 담당하는 전전두엽의 구조까지 달랐습니다.

이 프로그램에서는 위 연구를 바탕으로 메타인지에도 주목했습니다.

집중력이 높고 성적이 우수한 학생들의 뇌 구조를 조사한 결과, 메타인지 능력이 뛰어난 사람일수록 전전두엽이 더 발달했다는 사실이 밝혀졌습니다. 이는 미국 뉴욕대학교 인지신경과학센터 스테판 플레밍(Stephen M. Fleming) 박사의 논문에서도 확인된 내용으로, 메타인지 능력과 전전두엽 활성화 사이에 직접적인 상관관계가 있음이 증명된 것입니다.

메타인지(Metacognition)란 자신의 생각과 학습 과정을 스스로 이해하고 조절하는 능력을 말합니다. 쉽게 말해, 내가 무엇을 알고 무엇을 모르는지 아는 능력입니다. 그리고 모르는 부분을 파악하고, 이를 보완하기 위한 계획을 세워 실행하는 전 과정을 뜻합니다.

메타인지는 메타인지적 지식과 메타인지적 기술로 이루어집니다. 메타인지적 지식은 자신의 인지 과정에 대해 아는 것을 말합니다. 내가 어떤 내용을 얼마나 알고 있는지, 내게 어떤 학습 방법이 효과적인지, 내 강점이나 약점에 대해 아는 것입니다. 메타인지적 기술은 자신의 학습 과정을 조절하는 능력입니다. 목표를 세우고, 이를 달성하기 위해 스스로를 관리하며 계획하고 실행하는 것입니다. 또한, 잘하고 있는지 점검하고 필요하면 전략을 바꿀 줄 아는 능력도 포함됩니다.

예를 들어, 영어 공부할 때 내가 아는 단어와 모르는 단어를 구분하는 것은 메타인지적 지식입니다. '하루에 20개씩 쓰면서 외우기' 등을 계획하고 실천하며, 학습 효과가 떨어진다고 느끼면 계획을 다시 수정하고 조절하는 것은 메타인지적 기술입니다. 이 두 가지는 서로를 보완하며, 공부를 꾸준히 이어 가도록 돕고, 삶에서 중요한 선택과 집중의 순간에도 꼭 필요한 능력입니다.

어린이의 뇌는 아직 미숙하기에 메타인지 능력이 부족합니다. 자신의 감정을 잘 인식하지 못하고, 스스로 조절하는 것도 어려워합니다. 하지만 자라면서 점점 자신이 무엇을 알고 있고, 무엇이 어려운지를 이해하게 됩니다. 다양한 경험을 통해 상황에 따라 어떤 방법이 효과적인지도 배우게 됩니다.

메타인지 능력은 후천적인 훈련을 통해 키울 수 있어요. 집중력을 기르는 과정이 바로 메타인지 능력을 키우는 과정이라고 해도 과언이 아닙니다. 자신을 객관적으로 이해하는 메타인지 능력이 좋아지면 공부를 더욱 효율적으로 하고 집중력도 높일 수 있습니다.

집중력 단련을 위한 메타인지 높이기

"분명히 아는 거라고 생각했는데, 틀렸어요. 뭐가 문제인지 모르겠어요."

시험 문제를 보자마자 어디서 본 것 같은 기억이 납니다. 머릿속에 맴돌지만 정확히 떠오르지 않습니다. 어렴풋이 알고 있던 것을 잘 알고 있었다고 착각했던 것이죠. 이런 일은 초등학교부터 고등학교까지 학생들에게 흔히 일어나는 일입니다. 이는 자신의 실력을 객관적으로 판단하지 못한 결과인데요. 이처럼 메타인지가 부족한 상태에서 공부하게 되면 학습 효율이 떨어지고, 성적에도 직접적인 영향을 줍니다.

메타인지는 자기 자신을 객관적으로 아는 것입니다. 자기 성찰, 즉 자신을 돌아보는 습관이 필요하다는 뜻입니다. 자신의 장점과 단점을 스스로 찾아보고, 부족한 점도 솔직히 인정하는 것이 진정한 메타인지입니다. 완벽하지 않더라도 자신을 있는 그대로 받아들이고, 부족한 부분을 채우기 위해 노력합니다. 이는 학업을 하는 데 있어서 반드시 갖추어야 할 태도이지요. 다음 솔루션을 활용하면 메타인지 능력을 높일 수 있어, 집중력 향상은 물론 학업에도 도움이 될 것입니다.

첫째, 기록하는 습관을 들이게 합니다. 일기 쓰기는 메타인지를 높이는 데 효과가 있습니다. 하루를 돌아보며 좋았던 순간이나 아쉬웠던 순간을 기록하면, 자신의 장점을 발견하거나 반성할 기회를 가질 수 있어요. 또한, 타인을 의식하지 않고 감정을 솔직하게 표현하는 연습이 되지요. 초등 고학년부터는 스터디 플래너로 기록을 꾸준히 이어 나갑니다. 공부 계획을 세우고 실천한 내용을 기록하면 목표와 실천 방안을 객관적으로 살펴보고 스스로 평가하는 습관을 기를 수 있습니다.

둘째, 생각과 감정을 정확하게 말하는 연습을 시킵니다. 자신의 감정을 타인에게 정확하게 전달할 수 있다는 것은 자신의 마음 상태를 잘 알고 있다는 뜻입니다. 어린이는 표현이 아직 서툴고 미숙할 수 있지만, 부모와 대화를 나누면서 점차 나아질 수 있습니다. 아이의 생각과 감정을 잘 살펴본 뒤, "누가?" "왜?" "어떻게?" 같은 육하원칙에 따라 질문해 보세요. 예를 들어 아이가 풀이 죽어 있다면, "왜 기분이 안 좋을까?" "기분이 나아지려면 어떻게 하면 좋을까?" 하고 구체적으로 물으며 이야기를 나눕니다. 이때 부모는 자신의 감정을 섞지 않고, 아이의 감정을 있는 그대로 받아들여 줘야 합니다. 이와 같이 연습을 통해 아이는 점점 자기 생각과 감정을 잘 이해하고 표현할 수 있게 됩니다.

셋째, 스스로 계획하고 문제를 해결하게 합니다. 자율적으로 문제를 해결할 때 아이는 자신의 강점과 부족한 점을 알 수 있습니다. 반대로, 부모가 대신 해 줄수록 아이는 자신을 객관적으로 보기 어려워집니다. 학교에서 하는 활동에서도 아이가 직접 문제를 해결할 수 있게 지켜봐 주세요. 예를 들어, 준비물 챙기기, 반장 선거 준비, 동아리 축제 준비 같은 일에 부모가 나서지 않아야 합니다. 아이가 직접 부딪치고 경험하며 자신을 알아 갈 시간을 마련해 주세요.

넷째, 아웃풋 공부법을 활용합니다. 공부할 때 학습 내용을 여러 번 읽고 암기하는 것도 중요하지만, 암기한 내용이 제대로 내 것이 되었는지 반드시 확인해야 합니다. 눈으로 봤을 때는 아는 것 같아도, 막상 써 보거나 말로 표현하려 하면 기억나지 않는 경우가 많기 때문이에요. 그럴 때는 배우고 암기한 내용을 소리 내어 말하거나 공책에 써 보는 '아웃풋 공부법'을 적극 활용해 보세요. 기억나지 않는 부분을 쉽게 알아내어 보완할 수 있습니다.

다섯째, 아이를 믿어 주는 부모가 되어야 합니다. 아이의 메타인지를 키우려면 아이가 스스로 문제를 보고 해결할 수 있는 주도권을 가져야 합니다. 문제를 해결하는 과정에서 계획을 세우고 실행하다 보면 아이는 반드시 좌절을 겪게 됩니다. 그것이 안타까워 부모가 불필요한 도움을 준다면, 아이는 자기 자신을 객관적으로 관찰하기 힘듭니다. 게다가 부모의 도움으로 좋은 결과를 얻더라도 아이는 그것이 자신의 노력의 결과라고 착각할 수 있어요. 아이가 넘어질 때는 "너라면 할 수 있어"라고 격려하되, 아이가 홀로 자신을 돌아보고 성장할 수 있도록 기회를 주세요.

우리 아이 집중력 단련하기 – 마음 1	
솔루션 ④ 집중력 단련을 위한 메타인지 높이기	
0	자신을 돌아보는 습관 들이기
1	기록하는 습관 들이기
2	생각과 감정을 정확하게 말하기
3	스스로 계획하고 문제 해결하기
4	아웃풋 공부법 활용하기
5	아이를 믿어 주는 부모 되기

일찍이 소크라테스는 '너 자신을 알라'라며 메타인지의 중요성을 강조했습니다. 메타인지는 자신의 학습 과정을 이해하고 조절하는 능력입니다. 자신의 감정과 생각 등 내적 상태를 제대로 파악하는 것이 핵심이지요. 자신을 돌아보는 습관을 들이거나 기록하는 습관을 갖는 것, 생각과 감정을 정확하게 표현하는 연습, 스스로 계획하고 문제를 해결하는 경험, 그리고 아

아웃풋 공부법 등을 활용하면 메타인지 능력의 향상을 기대할 수 있습니다.

> 바로 써먹는 일주일 집중력 단련 워크시트

☑ 마음 1. 집중력 단련을 위한 메타인지 높이기

		월	화	수	목	금	토	일
0	자신을 돌아보는 습관 들이기	아이와 대화를 나누며, 아이가 생각하는 자신의 장단점을 쓰게 한다.							
		장점 :				단점 :			
1	기록하는 습관 들이기	아이에게 일주일 동안 일기를 쓰게 하고, 그날의 대표적인 기분을 기록하게 한다.							
2	생각과 감정을 정확하게 말하기	부모는 육하원칙에 따라 질문하며, 아이가 명확하게 답할 수 있도록 돕는다.							
		부모의 질문 : 잘함/보통/부족				아이의 대답 : 잘함/보통/부족			
3	스스로 계획하고 문제 해결하기	준비물 챙기기, 옷 입기 등 스스로 해결할 수 있는 과제를 정하고, 성실하게 실천했는지 체크한다.							
		스스로 해결할 문제 :							잘함/보통/부족
4	아웃풋 공부법 활용하기	아이가 아웃풋 공부법을 활용했는지 적는다.(예 : 공부 내용을 말로 설명하기 등)							
5	아이를 믿어 주는 부모 되기	부모가 아이에게 "넌 할 수 있어" "스스로 해 봐" "잘하고 있어" 같은 말을 해 주었는지 체크한다.							
		O X	O X	O X	O X	O X	O X	O X

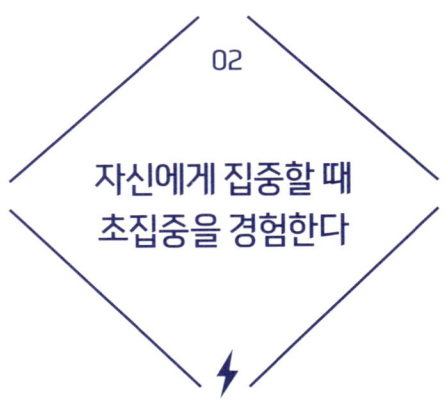

자기결정성이 초집중을 만든다

집중력 분산은 아이들만의 문제가 아닙니다. 성인들 역시 해야 할 일을 잊고 딴짓을 하곤 합니다. 심지어 스스로 하고 싶어서 시작한 일조차 집중하지 못할 때가 있습니다. 화장실에 스마트폰을 안 가지고 가면 허전하고, 일하는 중에도 컴퓨터 화면에 뜨는 광고나 알림에 눈길이 가곤 해요. 카톡 메시지가 오면 바로바로 답장을 하죠. 하지만 이내 '이러면 안 되지' 하며 다시 집중하려고 애를 씁니다. 이렇게 집중이 흐트러지다가도 다시 집중할 수 있는 이유는 목표가 뚜렷하고, 그것을 이루고자 하는 강한 의지가 있기 때문일 거예요. 이것은 교육 심리학 이론인 '자기결정성(Self-determination Theory, SDT)'으로 설명할 수 있습니다.

에드워드 데시(Edward L. Deci)와 리처드 라이언(Richard M. Ryan)이 1975년에 발표한 '자기결정성 이론'에 따르면, 사람은 자아 성장을 위해 스스로 적극적으로 행동하는 존재라고 합니다. 이 이론의 핵심은 '사람의 행동은 외부의 강요나 압력보다 스스로 가진 내재적 동기에 의해 큰 영향을 받는다'는 점입니다. 내재적 동기는 자율성(autonomy), 유능감(competence), 관계성(relatedness)이라는 세 가지 기본 심리적 욕구를 말합니다. 이 세 가지 욕구가 채워지면 사람은 내재적 동기가 강해져, 목표를 이루기 위해 적극적으로 행동하게 됩니다.

'자율성'은 자기 행동을 스스로 결정하고 실행하려는 능력과 욕구를 뜻합니다. 자율성이 높은 사람은 자기가 추구하는 삶의 가치에 맞게 행동합니다. 외부의 간섭 없이 책임감 있고 자유롭게 행동하지요. 어떤 일이든 스스로 목표를 세우고 방향을 정합니다. 반대로, 자율성이 부족한 사람은 자신이 하고 싶은 일을 스스로 선택하지 못하고, 부모의 기대나 금전적 보상 같은 외부 요인에 따라 움직이게 됩니다. 이로 인해 동기가 약해지고, 점점 의욕을 잃어 무기력해집니다.

'유능감'은 자신의 기술과 능력을 발휘해 목표를 달성하고 있다는 믿음과 자신감을 뜻합니다. 유능감을 느끼면 목표를 향해 꾸준히 노력하며 몰입하게 되지요. 자기 능력에 확신이 있기 때문에 실패를 겪어도 유연하게 대처합니다. 그 과정에서 성취감을 맛보고, 자신을 긍정적으로 바라보게 되지요. 하지만 유능감이 부족하면 자신감이 낮아져 새로운 도전을 피하게 됩니다. 실패를 두려워하고 자신의 잠재력을 믿지 못합니다.

'관계성'은 다른 사람들과 어울리며 소속감을 느끼고, 친밀한 관계를 만들고 싶어 하는 마음을 뜻합니다. 사람은 사회적 존재로, 타인과의 관계에서 의미와 만족감을 얻습니다. 따라서 누군가의 관심과 칭찬을 받을 때 우리는 더 열심히 하려는 동기가 생기고, 서로 배려하고 도우면서 관계가 점점 더 좋아질 수 있어요. 반대로, 관계성이 부족하면 외로움을 느끼고, 불안감이 커질 수 있어요. 이렇게 되면 하고 싶은 일에 대한 의욕도 줄어들고, 스트레스가 쌓여 스스로 무언가를 하고자 하는 내재적 동기가 생기기 어려워요.

자기결정성이란 중요한 목표나 가치를 스스로 정하고, 그에 맞는 행동을 선택해 실행하는 능력을 말해요. 그런데 부모가 아이에게 지나치게 간섭하거나 강요하면 자기결정성이 제대로 형성되지 않을 수 있다는 연구 결과가 많습니다. 반대로, 아이가 위에서 말한 세 가지 욕구, 즉 자율성, 유능감, 관계성을 충분히 느끼면 이야기가 달라집니다. 이런 아이들은 학업에서 좋은 결과를 얻고, 새로운 도전도 두려워하지 않습니다.

아이가 어떤 일에 몰두하고 집중해서 목표를 이루기 바란다면, 자기결정성을 키워 주는 것이 중요합니다. '그런 건 어른이 되어야 가능한 거 아닌가?'라고 생각할 수도 있지만, 그렇지 않아요. 아이들이 자율성, 유능감, 관계성을 키울 수 있는 환경을 만들어 주세요. 이 세 가지 내재적 동기가 충족될 때, 아이는 자기결정성이 높은 사람으로 자랍니다. 자기결정성이 높은 아이는 쉽게 유혹에 흔들리지 않고, 수업에 집중하며, 자신이 맡은 일에 몰두할 수 있는 힘을 갖게 됩니다.

집중력 단련을 위한 자기결정성 높이기

자기결정성과 집중력은 서로 영향을 주고받습니다. 자기결정성이 높은 사람은 자신의 행동에 책임을 지고 자율적으로 조절할 수 있으며, 하고자 하는 과제에 더 집중할 수 있습니다. 그렇다면 아이의 자기결정성을 어떻게 높일 수 있을까요? 초등학교 저학년 아이들은 발달 단계상 아직 자기 통제력과 의사 결정력이 부족하기 때문에 부모의 도움이 어느 정도 필요합니다. 하지만 부모가 모든 것을 대신 결정하기보다는, 안전한 울타리 안에서 아이에게 자율성을 부여하는 것이 중요합니다. 이후에는 아이가 자기 주도적으로 할 수 있는 일을 하나씩 늘려 갑니다. 고학년이 될수록 부모와의 탄탄한 관계를 바탕으로 아이의 자율성과 유능감, 관계성이 자연스럽게 자라납니다.

다음의 자기결정성 단련 방법을 활용해 아이가 스스로 동기를 가지고 적극적으로 행동하며 주도적인 삶을 살아갈 수 있도록 도와주세요.

첫째, 스스로 하루를 계획하고 실천하도록 합니다. 초등 저학년이라면 체크 리스트를 활용해 아이와 함께 하루에 해야 할 일을 의논하고 점검합니다. 예를 들어 피아노 학원 가기, 수학 문제집 풀기, 스트레칭하기 등의 활동을 함께 정하고, 기록은 아이가 하게 맡깁니다. 실천을 잘했을 때 '참,

잘했어요' 칭찬 도장을 찍어 준다면 자율성과 유능감이 동시에 올라갈 것입니다.

둘째, 자기주도학습을 습관으로 만들어 주세요. 자기주도학습이란 공부를 스스로 계획하고 실천하며 결과를 돌아보는 과정을 뜻합니다. 이를 통해 아이는 학습 과정을 스스로 조절하게 되고, 공부에 대한 내재적 동기가 자연스럽게 높아진다고 전문가들은 말합니다.

초등학생에게는 자기주도학습이 아직 어렵게 느껴질 수 있습니다. 예를 들어, 단원 평가가 있는 날을 기억하고 준비하는 과정을 지켜봐 주세요. 아이가 어려워하면 "단원 평가 전날에는 배운 내용을 점검해 보자"라고 살짝 귀띔을 해 주세요. 그러면 아이가 스스로 공부 계획을 세우고 실천하는 경험을 쌓을 수 있어요. 단원 평가가 끝난 후에는, 틀린 문제에 대해 부모가 바로 설명하기보다 "왜 틀렸는지 교과서를 찾아볼까?"라고 말해 보세요. 아이 스스로 오답을 확인하고 해결하면서 스스로 공부하는 방법을 익힐 수 있어요. 초등 고학년이라면 스터디 플래너를 활용해 보다 장기적이고 구체적으로 계획하며 실천할 수 있습니다.

셋째, 자율성을 키우기 위해 선택과 책임의 기회를 주세요. 아이를 하나의 인격체로 존중하며, 작은 일이라도 스스로 선택하게 하는 것이 중요합니다. 외식하러 나가서 메뉴를 고를 때 부모가 정하지 말고 아이가 직접 고르게 해 보세요. 오늘 입을 옷이나 양말을 스스로 챙기게 맡기고, 책가방 싸기 같은 일상적 준비도 아이의 책임임을 알려 주세요.

넷째, 성공 경험을 늘려 주세요. 어릴수록 모든 경험이 새롭기 때문에 이를 잘 활용하면 유능감을 키우는 좋은 기회가 됩니다. 편의점에서 물 사 오기, 달걀프라이 하기, 수건 개기, 신발 정리하기 같은 일을 부모의 도움 없이 해냈을 때, 아이는 자신감과 성취감을 느낄 수 있습니다. 운동이나 악기 배우기도 성공 경험을 쌓기에 좋습니다. 아이가 관심 있어 하는 분야를 찾아 꾸준히 도전할 수 있도록 격려해 주세요.

다섯째, 바람직한 관계를 유지하는 부모가 되어야 합니다. 이는 그 어떤 요소보다도 중요한 사항입니다. 부모와 원만한 관계를 맺고, 적절한 지지와 기대를 받는 아이는 자연스럽게 자율성과 유능감을 키워 나갑니다. 반면, 부모가 너무 엄하면 일방적인 지시가 많아지고, 과보호하면 아이의 선택권이 줄어 자율성이 저해됩니다. 따라서 아이를 이해하고 지지하며 안정감과 편안함을 느낄 수 있는 환경을 만들어 주세요.

우리 아이 집중력 단련하기 - 마음 2	
솔루션 ⑤ 집중력 단련을 위한 자기결정성 높이기	
0	자기주도적으로 행동하기
1	스스로 계획하고 실천하기
2	자기주도학습 습관 들이기
3	자율적으로 선택하고 책임지기
4	성공 경험 늘리기
5	바람직한 관계를 유지하는 부모 되기

자기결정성이 높은 아이는 삶의 주도권을 쥘 수 있습니다. 이는 단순히 공부에만 해당되지 않아요. 직장이나 일상에서도 자신이 선택하고 행동한 일에는 더 큰 의미를 느끼며 책임감을 가지고 받아들이게 됩니다. '말을 물가로 끌고 갈 수는 있어도 억지로 물을 마시게는 할 수 없다'라는 말처럼, 아이가 원하지 않으면 강제로 시킬 수 없습니다. 대신, 아이가 스스로 하고 싶다는 마음이 들도록 도와주세요. 자발적으로 집중하고 행동하게 만드는 것이 더 중요합니다.

바로 써먹는 일주일 집중력 단련 워크시트

☑ 마음 2. 집중력 단련을 위한 자기결정성 높이기

		월	화	수	목	금	토	일
0	자기 주도적으로 행동하기	일주일 동안 아이가 자기 주도적으로 행동한 것을 적게 한다.						
1	스스로 계획하고 실천하기	일주일의 하루 계획표를 작성한다.						
2	자기주도 학습 습관 들이기	계획에 맞게 공부를 잘 실천했는지 체크리스트를 작성한다. ⟨독서 30분 ○⟩ ⟨연산 1쪽 X⟩						
3	자율적으로 선택하고 책임지기	아이가 평소 자율적으로 책임감을 가지고 하고 있는 일들을 적어 본다.						
4	성공 경험 늘리기	아이가 도전하고 싶어 하는 과제를 적고, 실천 후 성공했는지 체크한다.						
5	바람직한 관계를 유지하는 부모 되기	아이를 너무 엄하게 대했거나 과보호하지 않았는지 적고, 개선 방안을 작성한다.						

잘하고 좋아하는 일엔 집중력이 폭발한다

학교에서는 다양한 교과를 배웁니다. 공교육 과정에서 아이들은 국어, 영어, 수학, 과학, 음악, 미술, 체육 등 여러 과목을 접하게 되지요. 이 중 특정 과목에 두드러지게 재능을 보이는 아이들이 있습니다. 수학에 재능을 보이는 아이는 수학이 좋은 아이일 가능성이 큽니다. 수학이 좋아서 재미있게 공부하다 보니 학업 성적이 오르고 더 잘하고 싶은 욕심에 깊이 파고듭니다. 미술을 좋아하는 아이, 영어를 좋아하는 아이도 저마다 흥미를 느끼는 교과에 집중력을 발휘합니다.

새로운 것을 탐색하고 알아 가는 과정에서 만족감을 느끼면, 기쁨을 담당하는 신경전달물질인 도파민이 분비됩니다. 이는 행동의 결과로 쾌감이라는 보상을 받는 것인데요, 게임 중독이나 탄수화물 중독일 때 느끼는 즐거움과 비슷합니다. 하지만 '도파민 중독'을 긍정적으로 활용하면, 공부에서도 내재적 동기로 작용할 수 있습니다. 즉, 도파민 분비를 건강하고 긍정적인 방식으로 유도해 학습에 흥미를 붙이고 집중하게 할 수 있습니다.

도파민은 즐거움을 느끼게 해 줄 뿐 아니라 집중력, 기억력, 동기 부여와도 깊은 관련이 있습니다. 긍정적인 경험을 통해 도파민이 적절히 분비되면, 기억이 오래 지속되고 집중력이 향상되어 목표 달성이 쉬워집니다. 따라서 재미있고 가치 있는 활동에 도파민을 활용하면, 더 효율적으로 배우고 행동할 수 있게 되지요.

예를 들어, 게임을 하면서 즐거웠던 기억이 있다면 게임을 떠올리는 것만으로도 도파민이 분비되어 가슴이 벅차고 계속하고 싶은 마음이 듭니다. 이 과정이 반복되면서 신경 회로가 강화되고, 결국 게임에 더 빠져들게 되지요. 이는 즐거움이라는 보상이 뇌에 자리 잡았기 때문에 일어나는 현상입니다. 따라서 아이가 집중해야 할 일이 게임만큼 즐겁다면, 누가 시키지 않아도 자발적으로 집중하게 됩니다.

아이들은 저마다 좋아하는 게 분명히 있습니다. 어떤 아이는 공룡이 좋아서 공룡 이름을 줄줄 외우고, 다른 아이는 앉은 자리에서 두 시간씩 그림을 그리기도 하지요. 아이가 특히 관심 있어 하는 것을 유심히 살펴보세요. 누가 시키지 않아도 찾아서 하는 것, 또래보다 빨리 끝내는 것이 있다면 그것이 바로 아이가 좋아하고 잘하는 분야일 가능성이 높습니다.

하버드대학교 심리학과와 보스턴대학교 약학대학 신경학과 교수인 하워드 가드너(Howard Gardener)의 다중지능(Multiple Intelligence)이론은 아이가 어떤 분야에 잠재력을 갖고 있는지 살펴보는 데 유용합니다. 가드너는 인간의 지능은 단순히 IQ로만 측정될 수 없으며 논리수학지능, 언어지능, 인간친화지능, 자기성찰지능, 자연지능, 공간지능, 음악지능, 신체운동지능의 8가지 지능으로 구성된다고 설명했습니다.

  논리수학지능은 숫자나 규칙, 명제 등을 잘 익히고 이를 바탕으로 새로운 것을 만들어 내는 능력입니다. 이 지능이 높은 아이는 수학에 흥미가 있고 논리적으로 문제를 해결하는 데 관심을 보입니다. 스도쿠, 논리 퀴즈 등의 다양한 퍼즐 게임에 흥미를 느끼고 사물을 관찰하고 분류하는 것을 좋아합니다. 사물의 작용 원리를 궁금해하고 호기심이 많습니다.

  언어지능은 말하기, 쓰기, 읽기 등 언어 활동에서 뛰어난 능력을 발휘합니다. 이 지능이 높은 아이는 말하기를 좋아합니다. 새로운 언어를 쉽게 배우고, 풍부한 어휘력을 사용해 생각이나 감정을 효과적으로 표현합니다. 책 읽기를 즐기고 다양한 종류의 글쓰기에 흥미가 있습니다.

  인간친화지능은 사람들과 관계를 잘 맺고 이끌어 가는 능력입니다. 다른 사람의 감정을 잘 이해하고, 대인 관계를 통해 상황을 잘 파악합니다. 또래들 사이에서 인기가 높고 사람과 어울리는 것을 좋아한다면 이 지능이 발달되어 있을 확률이 높습니다. 또한 친구들 사이에서 중재자 역할을 하며 갈등을 해결하거나 조화를 이끌어 내는 데 능숙합니다.

자기성찰지능은 자신의 마음과 감정을 잘 이해하고 표현하는 능력입니다. 자신의 성격과 감정을 잘 알고 있으며 강점과 약점을 명확히 인식합니다. 적절한 목표를 설정하고 효과적으로 의사결정을 하며, 자신의 능력을 믿고 자신의 선택이나 행동의 결과를 분석해 더 나아지기 위해 노력합니다.

자연지능은 자연환경을 인식하고 이해하는 능력입니다. 이 지능이 높은 아이는 동식물, 날씨, 지형 같은 자연 현상에 관심이 많고 관찰력이 좋습니다. 또한 생태계와 동식물의 생태적 역할을 이해하며, 자연에서 하는 활동을 즐깁니다. 식물을 가꾸거나 동물을 돌보는 일, 캠핑 같은 야외 활동을 좋아하지요.

공간지능은 도형, 그림, 지도, 입체 등을 이해하고 창조하는 능력과 관련이 있습니다. 이 지능이 뛰어난 아이는 그림 그리기를 좋아합니다. 이미지로 장소를 기억하고 지도 해석도 잘해요. 시각적으로 예민하고 사물을 관찰하며 분석하기를 좋아합니다. 지그소 퍼즐, 레고 등에 흥미를 보입니다.

음악지능은 음악을 이해하고 창작하는 능력입니다. 이 지능이 높으면 음에 대한 감각이 좋고 소리를 쉽게 구별하며, 멜로디나 리듬을 잘 기억합니다. 노래를 자주 흥얼거리고 음악을 통해 감정을 표현합니다. 리듬에 따라 박자를 맞추거나 몸을 흔들어요. 악기를 배우는 데 흥미를 느끼며 음악을 작곡하거나 연주하는 능력이 뛰어납니다.

신체운동지능은 신체 활동과 관련한 능력입니다. 몸을 유연하고 정확하게 움직이며, 다양한 스포츠에 뛰어난 성과를 보이면 이 지능이 높다고 할

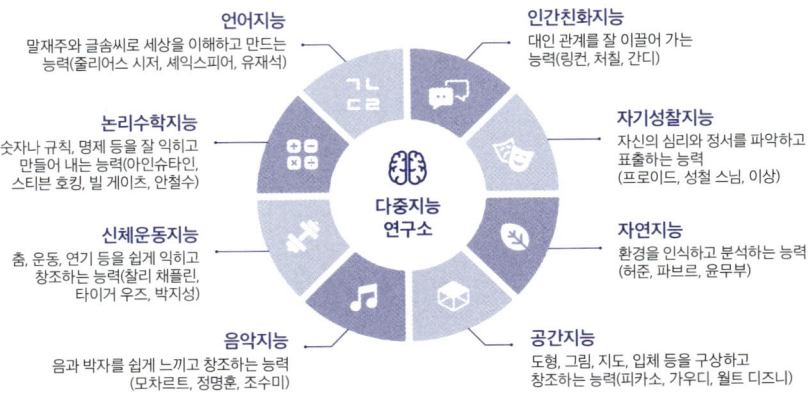

출처_다중지능연구소(www.multiiq.com)

수 있습니다. 균형 감각이 뛰어나고, 새로운 운동 기술이나 동작을 빠르게 익힙니다. 또한 춤, 운동, 연기 등에서 창의적인 표현 능력을 보여 줍니다.

사람은 8가지 지능을 모두 갖고 태어납니다. 연구에 따르면, 지능 발달 정도는 사람마다 다르지만, 교육과 훈련을 통해 어느 정도까지는 지능을 발전시킬 수 있습니다. 이 8가지 지능은 따로 작용하지 않고 서로 협력하여 작동합니다. 특정 지능이 평균보다 높으면 강점 지능, 낮으면 약점 지능이라고 부릅니다. 다중지능이론은 강점 지능을 집중적으로 계발하여 더 발전시키고, 약점 지능은 필요한 수준까지 적절히 강화하는 것을 목표로 합니다.

아이가 '논리수학지능, 언어지능, 인간친화지능, 자기성찰지능, 자연지능, 공간지능, 음악지능, 신체운동지능' 중 어떤 지능에 탁월함을 보이는지 살펴

보세요. 아이가 좋아서 하는 활동이 강점 지능일 수 있습니다. 아이가 즐거워하는 마음을 알아봐 주세요. 그 분야를 강화하면 아이는 자연스럽게 자신감을 얻고 더 뛰어난 능력을 발휘하게 됩니다. 자기 능력을 최대치로 끌어올리며 집중력을 폭발시킬 수 있지요. 이러한 경험들은 아이가 지속해서 성장하는 든든한 발판이 되어 줄 것입니다.

집중력 단련을 위한 아이의 재능 강화하기

피겨 퀸 김연아 선수는 신체운동지능이 높은 대표적인 인물입니다. 유치원을 다닐 때 처음 피겨 스케이팅을 접했고, 그 재능을 눈여겨본 부모와 코치 덕분에 본격적으로 훈련을 시작했습니다. 좋아하는 스케이트를 타며 실력이 차츰 성장했고, 최고가 되겠다는 동기가 생겼습니다. 이렇게 좋아하고 잘하는 것을 찾아 집중적으로 노력한 결과, 결국 세계 최고의 자리에 오르게 되었습니다.

좋아하는 일에는 자연스럽게 열정과 에너지를 쏟게 되지요. 성과와 성공은 따라오고 행복한 삶도 보장됩니다. 아이의 무한한 가능성을 이끌어 내기 위해서는, 스스로 즐겁게 몰두하는 일을 발견하는 것이 중요해요. 사실, 아이는 이미 좋아하는 일을 하고 있을 가능성이 높습니다. 아이가 무심코 자주 하거나, 시간을 많이 들이고 있는 일은 무엇인가요? 그 활동이 바로 다중지능이론의 강점 지능에 해당할 수 있습니다. 이를 강화할 수 있는 활동과 환경을 만들어 주세요. 그러기 위해서는 다음의 사항을 참고하세요.

첫째, 여러 가지 새로운 경험을 하게 해 주세요. 유아와 초등학생에게 세상은 배움의 놀이터입니다. 다양한 경험을 통해 자신이 잘하는 것과 즐겨 하고 싶은 것을 발견할 수 있습니다. 하지만 게임에 빠지거나 학원 스케줄에만 쫓기게 되면, 진짜로 좋아하고 잘할 수 있는 일을 찾을 기회를 놓치고, 재능을 키울 가능성도 줄어듭니다. 아이가 다양한 학교 활동에 참여하도록 격려하고, 가정에서도 새로운 경험을 할 수 있게 해 주세요. 미술, 요리, 스포츠, 과학 실험 등 직접 체험할 수 있는 활동이 좋습니다. 또한 위인전 읽기나 다큐멘터리 보기 등 간접 경험을 통해 세상을 넓고 풍부하게 바라보도록 도와주세요. 아이들은 풍부한 경험을 누려야 합니다.

둘째, 아이가 즐거워하고 잘하는 것을 써 보게 하세요. 아이가 자연스럽게 집중력을 발휘하는 활동이 있는지 주의 깊게 관찰해 보세요. 그런 다음, 아이 스스로 자신이 잘하고 좋아하는 것은 무엇인지 글로 적어 보게 하세요. "왜 이 활동이 좋을까?" "어떻게 이렇게 잘하게 되었을까?" 같은 구체적인 질문을 통해 답변을 적게 하면, 아이의 강점 지능을 발견하는 데 도움이 됩니다.

셋째, 자신에게 맞는 진로를 탐색하도록 도와주세요. 아이에게 다양한 경험을 통해 세상에는 정말 많은 직업과 진로가 있다는 걸 알려 주세요. 학교에서 하는 진로 검사나 가정에서 할 수 있는 진로 검사를 활용하면 아이의 재능과 관심사를 발견할 수 있습니다. 또한 진로 정보망 커리어넷(www.

career.go.kr)과 같은 인터넷 사이트를 통해 다양한 직업을 알아보는 것도 좋습니다. 부모가 자신의 직업 경험과 직업관을 이야기해 주는 것도 아이에게 큰 영향을 줄 수 있으며, 훌륭한 진로 탐색의 기회가 됩니다. 꼭 특정 직업이 아니더라도 "나는 피아노 연주하는 게 좋아요"처럼 자신의 관심사나 좋아하는 활동을 표현해도 괜찮아요. 아이가 좋아하는 일을 찾아 몰두할 수 있도록 지속적으로 지원해 주세요.

넷째, 좋아하는 활동을 지원해 주는 부모가 되어 주세요. 분명 아이에게 좋아하고 잘하는 게 있는데, 부모에게는 아이의 부족한 점만 눈에 들어올 수 있습니다. 그 부분을 채우기 위해 많은 시간과 돈을 투자하기도 해요. 물론 부족한 점을 보완하려고 노력하는 것도 중요하지만, 아이의 강점 지능을 강화하는 데 집중하는 것이 더 효과적입니다. 강점을 키우는 과정에서 아이는 자신감을 얻고, 열정을 쏟으며 성장하기 때문이지요. 아이들은 자신이 좋아하는 일에서 더 큰 성취감을 느끼고 창의적으로 문제를 해결하며 그 과정에서 인지 능력도 최대로 발휘됩니다. 예를 들어, 아이가 공간 지능이 뛰어나다면, 마음껏 그리고 표현할 시간을 마련해 주세요. 자연지능이 높다면, 직접 곤충을 만지거나 식물을 키워 보는 등 즐겁게 몰입할 수 있는 활동을 하게 해 주세요. 이처럼 강점 지능에서 얻은 성공 경험은 아이가 약점 지능 분야에서도 두려움 없이 도전하고, 부족한 부분을 보완하는 데 큰 힘이 됩니다.

우리 아이 집중력 단련하기 - 마음 3	
솔루션 ⑥ 집중력 단련을 위한 아이의 재능 강화하기	
0	강점 지능 강화하기
1	여러 가지 새로운 경험 하기
2	잘하고 좋아하는 것 쓰기
3	자신에게 맞는 진로 탐색하기
4	좋아하는 활동을 지원하는 부모 되기

입시 교육의 폐해로 국어, 영어, 수학 점수에만 매몰되어 아이가 진짜 좋아하고 있는 것을 놓치고 있지는 않나요? 아이의 강점 지능을 존중하고 지지해 주면 자신감이 자라고, 이 자신감은 아이가 부족한 부분에도 도전할 용기를 줍니다. 마음이 두근거리고 설레는 일을 찾은 아이들은 스스로 꿈을 정하고, 그 꿈을 이루기 위해 필요한 공부를 자발적으로 계획하고 실천할 것입니다.

바로 써먹는 일주일 집중력 단련 워크시트

☑ 마음 3. 집중력 단련을 위한 아이의 재능 강화하기

		월	화	수	목	금	토	일
0	강점 지능 강화하기	아이의 강점 지능이 무엇인지 발견하고 강화 방안을 쓴다.							
		강점 지능 :			강화 방안 :				
1	여러 가지 새로운 경험 하기	평소 하지 않던 색다른 경험을 하게 한 뒤, 그 내용을 작성하게 한다.							
2	잘하고 좋아하는 것 쓰기	아이가 잘하는 것과 좋아하는 것을 써 본다.							
		잘하는 것 :			좋아하는 것 :				
3	자신에게 맞는 진로 탐색하기	주 1회 이상 진로 관련 서적이나 인터넷 정보를 제공하고, 아이가 자신에게 맞는 진로를 탐색하도록 돕는다.							
		진로 탐색 내용 :							
4	좋아하는 활동을 지원하는 부모 되기	아이가 잘하고 좋아하는 것을 인정하고 격려하는 말을 건넸는지, 그와 관련된 많은 경험과 활동을 지원해 주었는지 체크한다.							
		O X	O X	O X	O X	O X	O X	O X

전문의 상담실 2

⚡ **우리 아이는 어떤 것에 목표나 흥미가 생기면 집중을 잘하지만, 금방 집중력이 떨어져요. 지속적으로 집중하게 하려면 어떻게 해야 할까요?**

뭔가를 해내야겠다는 목표를 가지거나, 무언가에 흥미를 느낄 때 집중력이 높아지는 건 어른이나 아이나 다 마찬가지예요. 하지만 계속하다 보면 힘도 들고, 어려움에 부딪히기도 해서 집중력이 떨어지지요. 따라서 흥미를 느끼는 대상에 지속적으로 집중할 수 있으려면 그 대상의 다양한 면을 살펴보면서 흥밋거리를 찾고, 크게 높지 않은 목표를 설정해야 합니다.

어렸을 때 '밥을 오래 씹으면 은근한 단맛이 난다'는 이야기를 들었던 기억이 있어요. '은근한 단맛'을 찾는 게 목표가 되면 밥을 꼭꼭 씹어서 천천히 먹는 습관을 기를 수 있습니다. 좀 더 나이가 들어서는 '밥을 천천히 먹어야 위가 편안하다' '날씬한 몸매를 유지할 수 있다'며 건강이라는 목표 또는 다이어트라는 즐거움을 위해 천천히 먹는 데 집중할 수 있겠죠. 이처럼 아이들도 처음에는 흥미를 보였다가도 금방 "재미없어!" 하면서 내팽개치지 않게, 그 대상 안에 있는 다른 재미를 찾게끔 같이 노력해 보세요. 공부하는 것 자체는 그다지 재미없을지 모르지만 좋은 성적을 받는 재미가 있다든지, 모르던 것을 알게 되는 재미를 추구하는 것처럼요.

그리고 한 가지 더, 아이들은 발달 단계에 따라 집중력 지속 시간이 어른과는 많이 다릅니다. 성인인 부모님을 기준으로 할 때에는 아이들의 집중력이 너무 짧아 보일 수 있지만, 아이들 나이에서는 정상일 수 있어요. 그래서 아이들의 집중력을 키우는 것 못지않게 아이를 바라보는 부모님의 인내력을 키우는 것이 중요한 과업일 수 있답니다.

아이들의 정상적인 집중 시간은 연구자마다 결과가 다르기는 한데, 대략 '1세에 5분'으로 계산하면 어느 정도 들어맞는다고 합니다. 즉 만 8세 아이는 8×5=40이니, 40분 정도 집중할 것으로 기대하고, 12살짜리 아이는 12×5=60이니 60분 정도 집중할 것이라 기대하면 맞습니다.

아이와 함께 집중하는 시간을 늘리는 방법 하나를 소개합니다. 기억하기 쉽게 표현하자면 "딱 한번만 더!"입니다. 개인 트레이닝을 받으면서 운동해본 적 있는 분들은 아실 거예요. 한계에 다다랐을 때 트레이너가 "딱 한 세트만 더!" 하고 외치지요. 운동은 힘들고 재미없을 수 있지만 옆에서 도와주고 격려해 주면 조금 더 힘을 낼 수 있습니다. 게다가 땀 흘리며 운동하고 나서 느끼는 상쾌함은 운동의 어려움을 견디게 해 줍니다. 또한 운동하면서 얻는 건강, 꾸준히 잘 해내고 있다는 자기 자신에 대한 자부심, 덤으로 따라오는 주변의 칭찬이 운동을 계속하게 하는 원동력이 됩니다.

아이들도 마찬가지예요. 공부하는 것 자체가 즐거운 사람은 그리 많지 않죠. 하지만 주어진 분량을 다 마치고 나서 느끼는 뿌듯함, 공부하니까 올라가는 성적, 잘 해내고 있는 자신에 대한 자부심, 가족들과 선생님들의 응원과 칭찬 덕분에 아이들이 공부를 포기하지 않고 그 안에서 즐거움을 느낄 수 있습니다. "딱 5분만 더하자" "딱 여기까지만 하자" 하는 격려에 힘입어 아이가 조금 더 집중했다면 아끼지 말고 칭찬해 주세요! 반복만큼 좋은 훈련이 없다잖아요? 그러는 동안 어느새 아이들은 '좀 더 했더니 더 잘하게 되었네?' 하고 깨닫게 될 겁니다. 그다음부터는 집중력이 떨어진다고 느꼈을 때, 조금이라도 더 집중하기 위해 스스로 격려하며 노력하게 될 것입니다.

⚡ **자기주도학습이 중요하다고 하는데, 아이가 자율성을 가지면 오히려 시간을 낭비하는 것 같아요. 자기결정성을 키우면서도 학습 효율을 높이는 방법이 있을까요?**

아이들이 자율성을 가지게 되면 시간을 낭비하게 되는 것, 맞습니다. 정확히 보셨어요. 그런데요, 그 낭비는 사실 꼭 필요한 낭비랍니다. 아이들이 귀한 시간을 낭비하지 않고 효율적으로 쓰면서 살기를 바라는 마음은 잘 알고 있어요. 그렇지만 우리 삶에는 공짜가 없습니다. 낭비도 해 봐야 낭비하지 않는 법을 배웁니다. 넘어져서 아파야만 배울 수 있는 게 대부분이에요. 아기가 걸음마를 배울 때처럼, 넘어지지 않고 걷는 방법을 배울 수는 없습니다.

자기결정성 이론과 학습 이론을 비교한 연구에 따르면, 자율적으로 하는 행동은 누가 시켜서 해야 하거나 선택권이 없는 경우와 비교할 때, 시간이 흘러도 꾸준히 지속될 가능성이 높다고 합니다. 자신이 스스로 결정한 행동을 할 때 행복감도 높아지며, 개인적인 성장으로 이어질 수 있습니다.

어떻게 하면 아이가 스스로 효율적으로 학습하게 할 수 있을까요? 기본적으로 아이가 학습에 흥미를 가질 수 있는 환경을 만들어 주고, 아이가 흥미를 보이는 것을 학습으로 연결시켜 유도하면 좋습니다. 예를 들어, 아이가 스스로 책을 읽어야겠다고 생각하게 하려면 거실에서 TV를 치우고 서재로 꾸며 보세요. 책으로 가득한 환경에서 엄마 아빠가 책 읽으며 재밌어하는 걸 보면 아이들도 따라서 책을 읽고 싶어집니다. 『해리 포터』 시리즈처럼 책을 토대로 만들어진 영화를 아이들과 함께 즐기는 것도 좋습니다. 영화보다 책이 더 재밌다고 느끼는 장면이 있다면, 그것에 대해 아이들과 함께 이야기를 나누어 보세요. 그런 다음, 아이가 흥미를 느끼는 분야와 학습을 연결할 방법을 궁리해 보세요.

이처럼 일상생활이나 학습을 하는 과정에서 아이들과 충분히 대화하며 선택권을 주면 자기결정성과 학습 효율을 높일 수 있습니다. 일본 애니메이션을 좋아하는 아이들이 일본어를 금방 배우고, 케이팝에 푹 빠진 외국인들이 한국어를 즐겁고 꾸준하게 배우는 것과 같은 원리랍니다.

머리

최적화된 뇌를
구축하라

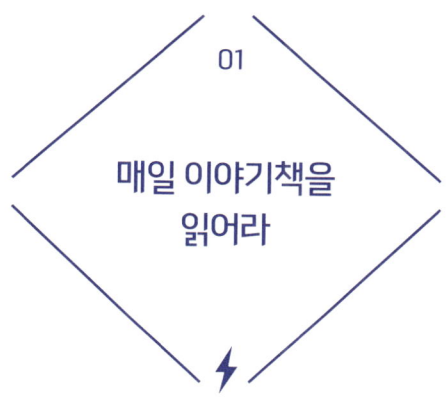

복잡한 플롯을 이해하며 길러지는 집중력

시대가 아무리 변해도 독서가 중요하지 않다고 말하는 사람은 없을 겁니다. 독서는 일종의 정신적인 행위입니다. 문단의 연결과 이야기의 흐름을 따라가며, 문자 속에 담긴 의미를 이해하는 과정입니다. 일정 시간을 들여 책에 집중하는 것이 바로 독서입니다.

하지만 안타깝게도 독서는 아이들의 일상에서 뒷전으로 밀려나 있습니다. 빡빡하게 짜여 있는 학원 일정 때문에 책 읽을 시간이 부족합니다. 국어, 영어, 수학 공부로 지칠 대로 지쳤으니 책이 손에 잡히지도 않아요. 쉬는 시간이라 해도, 주변에 책보다 훨씬 자극적이고 재미있는 콘텐츠들이 넘쳐 나니 굳이 머리를 써 가며 책을 읽으려 하지 않습니다.

TV, 게임, 쇼츠 같은 영상 매체는 수동적 집중만으로도 충분히 즐길 수 있습니다. 주어진 내용을 그대로 받아들이기만 하면 되니 깊이 생각할 필요가 없지요. 하지만 긴 글을 읽는 독서는 다릅니다. 적극적인 참여가 필수적입니다. 능동적 집중이 필요하며, 스스로 노력하고 몰입해야 합니다. 이해되지 않는 부분이 있다면 반복해서 읽는 끈기와 사고력이 필요합니다. 이 과정에서 집중하는 주체는 매체가 아닌 '나' 자신입니다.

아이의 집중력을 키우기 위해서는 매일 독서하게 하세요. 긴 글을 읽는 연습이 필요합니다. 처음에는 수십 페이지 정도의 책부터 시작해 점차 분량을 늘려 수백 페이지에 이르는 책도 읽을 수 있게 되면, 자연스럽게 집중력이 향상됩니다. 사회나 과학 같은 비문학 책도 좋지만, 이야기책을 적극적으로 활용하세요. 이야기책에는 여러 등장인물과 사건이 나오며, 복잡한 내용이 긴 흐름 속에서 펼쳐져요. 앞부분의 내용을 이해하지 못하면 다음 이야기를 따라가기가 어렵기 때문에, 책을 읽는 동안 집중력을 유지하고 사고력과 상상력을 끌어모아야 합니다.

『해리 포터』 시리즈가 처음 출간되었을 때 전 세계 독자들은 "이런 환상적인 책이 있다니!"라며 극찬했고 밤새워 책을 읽었습니다. 독자들은 소설 속 인물 묘사를 바탕으로 자신만의 캐릭터를 머릿속에 그려 냈고, 해리 포터와 볼드모트의 운명을 궁금해하며 수백 장의 책장을 넘겼습니다. 독서를 통해 애쓰지 않더라도 자연스럽게 추리력과 사고력이 단련되었습니다. 하늘을 날고 마법을 부리는 장면을 상상할 때 다른 생각은 끼어들 틈이 없었어요. 게임처럼 강렬한 자극은 아니지만, 이야기 속 신비한 마법 세계가 잔잔하게 호기심을 자극해 이야기의 흐름에 온전히 집중할 수 있었습니다.

아이들은 생각이 꼬리에 꼬리를 물며 즐거움을 맛볼 수 있는 읽기를 경험해야 합니다. 한 권의 책이라도 스토리에 흠뻑 빠져 자신이 해리 포터가 되고 헤르미온느가 되어 봐야 합니다. 인물 간의 상호 작용은 어떤지, 사건과 사건이 어떻게 이어지는지, 사건이 이뤄지는 장소는 어디에서 어디로 변화되는지를 파악하는 과정에서 주의 집중력이 높아집니다. 또한 미묘한 감정 표현과 치밀하게 짜인 글의 구성을 따라가다 보면 어느새 인지 능력도 자연스럽게 향상됩니다.

과학적으로도 독서는 기억력 향상에 효과적이라는 연구 결과가 있습니다. 책을 읽을 때 등장인물의 상황과 사건을 기억해야만 이야기를 따라갈 수 있기 때문입니다. 그뿐이 아닙니다. 독서는 탐구력, 분석력, 정보 처리 능력 등 뇌의 다양한 영역을 활성화시켜 뇌를 더욱 똑똑하게 만들어 줍니다.

집중력 단련을 위한 이야기책 읽기

어떻게 읽어야 집중력이 단련될까요? 하루나 일주일 정도 읽는다고 집중력이 금방 향상되지는 않습니다. 편한 것을 좋아하고, 눈앞의 강렬한 자극에 반응하도록 설계된 우리의 뇌가 그렇게 호락호락하게 집중하는 뇌로 바뀌지 않습니다. 우리의 뇌가 "이제 주인이 책 읽는 데 익숙해졌네. 나도 책 읽기가 더 편하네"라고 느낄 정도로 독서가 몸에 익어야 해요. 영국의 심리학 저널에 따르면, 습관을 형성하는 데 평균 66일이 걸린다고 합니다. 따라서 두어 달 동안 매일 책 읽는 습관을 들이는 것이 중요합니다. '매일' 읽어야 하는 이유가 바로 이것입니다.

"책 좀 읽어!"라고 말한다고 해서 아이가 책을 읽지는 않지요. 책을 꾸준히 읽을 수 있는 환경을 만들어 줘야 합니다. 자연스럽게 독서 습관이 형성되면, 아이는 꾸준히 책을 읽으며 차근차근 집중력을 키워 나갈 수 있습니다. 아이가 이야기책의 재미에 풍덩 빠져 독서를 꾸준히 이어 갈 수 있게 하려면 다음과 같은 사항을 기억하시기 바랍니다.

첫째, 아늑한 환경을 조성하세요. 시끄럽고 어수선한 집 안에서는 독서에 집중하기 힘들어요. 적당히 밝은 조명 아래, 깔끔하게 정리된 공간에서 책을 읽도록 해 주세요. 휴대폰은 꺼 두거나 보이지 않는 곳에 둡니다. 편안하게 책을 읽을 수 있도록 책상과 의자도 신경 써 주세요.

둘째, 부모님이 직접 책을 읽어 주세요. 아직 독서에 익숙하지 않은 아이는 혼자서 넘기는 책장이 돌판처럼 무겁게 느껴집니다. 엄마나 아빠가 옆에서 다정하게 책을 읽어 주면 아이는 책에 대한 호감이 높아집니다. 사랑이 담긴 부모님의 목소리는 아이가 집중하며 듣게 되고, 이는 경청 능력을 높이는 데에도 도움이 됩니다.

셋째, 일정한 독서 시간을 정하고 꾸준히 유지하세요. 아이의 하루 일과를 살펴 가장 효율적으로 독서 효과를 낼 수 있는 시간대를 정합니다. 잠자기 전이나 아침 식사 후와 같이 빠뜨리지 않고 매일 실천할 수 있는 시간으로 정하세요. 양치질하듯 습관이 잡히면 부담 없이 책을 펼칠 수 있습니다.

넷째, 종이책을 읽도록 이끌어 주세요. 전자책은 휴대성이 좋아 편리하지만, 종이책을 읽을 때 훨씬 더 독서에 집중할 수 있습니다. 스마트폰 등 전자 기기로 읽는 전자책에는 유혹과 방해 요소가 많습니다. 갑자기 울리는 알림, 페이지를 넘기기만 하면 나타나는 유튜브 추천 영상 등 집중력을 떨어뜨리는 장치들이 널려 있습니다. 눈의 피로를 덜어 주는 점에서도 종이책이 더 유익합니다. 또한 책장을 넘길 때 들리는 사각거리는 소리, 종이 냄새, 손끝의 감촉 등 다양한 감각을 통한 풍부한 경험은 종이책에서만 맛볼 수 있습니다.

다섯째, 읽기 목표를 정하게 하세요. 예를 들어, '매일 30분 읽기'나 '300쪽짜리 소설책 읽기'처럼 구체적인 목표를 정해 독서 습관을 잡습니다. 설령 목표를 달성하지 못하더라도, 목표를 지키려는 과정에서 책에 더욱 몰두하게 됩니다. 단, 지나치게 높은 목표는 오히려 도전하려는 의욕을 떨어뜨릴 수 있어요. 아이가 실천할 수 있는 현실적인 목표를 정하는 것이 좋습니다.

여섯째, 주인공과 이야기에 공감하도록 이끌어 주세요. 단순히 글자를 읽는 것을 넘어 이야기의 내용에 깊이 파고들 때 집중력은 크게 향상됩니다. 주인공의 일이 마치 자신이나 친구의 일인 것처럼 느껴진다면 독서의 효과가 높아지지요. 그러기 위해서는 아이의 관심사와 흥미에 맞는 책을 읽게 해야 해요. 재미를 느끼며 읽으면 등장인물 간의 대화나 사건 등의 내용을 생생하게 기억하게 됩니다.

일곱째, 천천히 읽게 해야 합니다. 책을 읽고 난 뒤 내용이 잘 기억나지 않는다면, 빠르게 읽느라 중요한 부분을 놓쳤을 가능성이 큽니다. 천천히 읽으면 더 많은 내용이 눈에 들어와 더 잘 이해할 수 있습니다. 아이가 책을 읽는 속도를 강제로 조정할 수는 없지만, 되도록 책 내용을 깊이 느끼고 생각하며 천천히 읽을 수 있도록 도와주세요.

여덟째, 휴식 시간을 적절히 주세요. '한 시간은 거뜬히 읽어야지!'라고 다짐하더라도, 아이가 집중할 수 있는 시간은 제한되어 있습니다. 25~30분 정도 책을 읽은 후에는 10분 이내로 짧게 쉬도록 하세요. 휴식을 통해 집중력을 회복한 뒤, 다시 독서나 다른 활동을 이어 갈 수 있습니다. 다만, 책이 재미있어서 아이가 미치도록 보고 싶어 한다면 휴식 시간을 갖지 않아도 됩니다.

우리 아이 집중력 단련하기 - 머리 1	
솔루션 ⑦ 집중력 단련을 위한 이야기책 읽기	
0	매일 독서하기
1	아늑한 환경 조성하기
2	부모님이 책 읽어 주기
3	일정한 독서 시간대를 유지하기
4	종이책 읽기
5	읽기 목표 정하기
6	주인공과 이야기에 공감하기
7	천천히 읽기
8	휴식 시간 갖기

처음에는 하루 5분부터 시작하여 점차 시간을 늘리고, 매일 일정한 시간에 정해진 분량을 읽는 독서 습관을 길러 주세요. 짧은 SNS 글에 익숙한 요즘 아이들과 달리, 긴 글도 무리 없이 읽어 내는 독자로 성장할 것입니다. 이 과정에서 아이는 다양한 정보를 맥락에 맞게 이해하고 처리하는 능력이 향상됩니다. 읽은 책이 쌓여 갈수록 아이의 생각의 그릇은 넓어지고 집중의 그릇은 한층 깊어질 것입니다.

바로 써먹는 일주일 집중력 단련 워크시트

☑ 머리 1. 집중력 단련을 위한 이야기책 읽기

		월	화	수	목	금	토	일
0	매일 독서하기	일주일 동안 읽은 책의 제목과 어디까지 읽었는지를 적는다.						
1	아늑한 환경 조성하기	독서를 위한 환경이 편안하게 조성되었는지 체크한다.						
		○ △ X	○ △ X	○ △ X	○ △ X	○ △ X	○ △ X	○ △ X
2	부모님이 책 읽어 주기	일주일 동안 부모님이 어떤 책을 얼마 동안 읽어 주었는지 적는다.						
4	일정한 독서 시간대를 유지하기	일주일 동안 언제, 몇 분간 책을 읽었는지 적는다.						
5	종이책 읽기	이번 주에 읽은 종이책에서 가장 인상 깊게 읽은 구절을 찾아서 적는다.						
6	읽기 목표 정하기	책을 읽을 때 새롭게 도전할 만한 읽기 목표를 세운다. (예 : 300쪽짜리 책 읽기, 고전 읽기 도전하기 등)						
7	휴식 시간 갖기	적절하게 휴식하며 책을 읽었는지 체크한다.						
		○ X	○ X	○ X	○ X	○ X	○ X	○ X

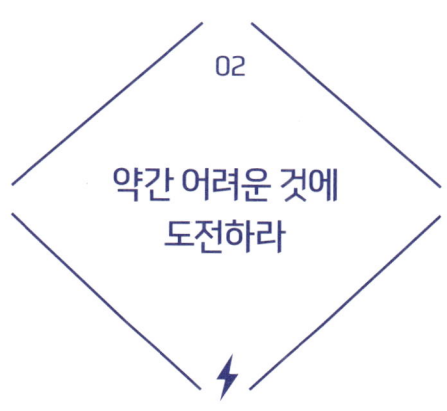

과제 수준을 조절해야 높아지는 집중력

초등학교 5학년 교실에서 수업이 한창입니다. 선생님 말씀에 귀를 쫑긋 세우는 학생이 있는가 하면, 멍하니 창밖을 바라보거나 옆 친구와 떠드는 학생이 있어요. "집중 안 하니?"라는 선생님의 말에 화들짝 놀라 수업에 집중하려 애쓰지만, 금세 집중력은 흩어지고 자꾸만 딴생각에 빠집니다.

같은 상황이 반복되자 선생님은 집중하지 않는 학생들을 따로 불러 상담합니다. 떠들던 학생은 "너무 쉬워서 재미없어요"라고 대답합니다. 멍하니 있던 학생은 "너무 어려워서 무슨 말인지 모르겠어요"라며 고개를 떨굽니다. 평소에는 큰 걱정 없는 명랑한 아이들인데, 단지 과제 난이도가 맞지 않아서 집중력을 잃어버린 것이지요.

5학년이 되면서 어려운 어휘와 개념이 등장해 학습에서 뒤처지기 시작하면 점점 따라가기 힘들어집니다. 이렇게 생긴 학습 결손이 중·고등학교까지 이어지면 공부에 집중하고 싶어도 집중할 수 없는 상태가 되어 무기력해질 수 있습니다. 결국, 수업에 집중하지 않는 태도가 익숙해지고 습관으로 굳어집니다.

또한, 무리하게 선행 학습을 한 학생들도 이미 아는 내용을 듣는 것이 지루해서 수업에 흥미를 잃고, 참여하지 않는 태도가 습관이 됩니다. 학업 성과에 문제가 없으면 다행이겠지만, 선행 학습만 믿고 있다 현재 학습 수준을 평가하면 좋은 성과가 나오지 않는 경우가 다반사입니다.

집중력은 과제의 난이도와 매우 밀접한 관계가 있습니다. 미국의 심리학자 미하이 로버트 칙센트미하이(Mihaly Robert Csikszentmihalyi)는 자신의 책, 『몰입의 즐거움』에서 어떤 일에 깊이 빠져 완전히 집중하는 상태를 '몰입(flow)'이라고 정의했습니다. 그는 '삶을 훌륭하게 가꾸어 주는 것이 곧 몰입'이라고 말했습니다.

몰입 상태에서는 현재 하고 있는 일에 완전히 빠져들게 됩니다. 과제에 대한 의욕이 충만하여 자발적으로 참여합니다. 즉, 외부의 강제가 아닌 내재적 동기에 의해서 행동하는 것이지요. 몰입 상태에서는 보통 때와 달리 시간이 쏜살같이 흐르는 것처럼 느껴집니다. 목표를 달성하기 위해 산만해지지 않으려 노력하며 자기 통제를 잘하게 되지요. 또한 집중에 방해되는 요소를 없애거나 적절한 해결책을 찾아내는 능력도 발휘됩니다.

『몰입의 즐거움』에서 몰입은 개인의 능력과 과제 난이도의 균형에 따라 달라진다고 강조합니다. 개인의 능력에 비해 과제 난이도가 너무 높으면 불안하고 스트레스를 받습니다. 결국 포기하고 말지요. 반대로 개인의 능력에 비해 과제 난이도가 너무 낮으면 지루함을 느끼고 산만해집니다. 따라서 개인의 능력과 과제 난이도의 균형을 적절하게 맞출 때 몰입이 일어납니다. 너무 쉽지도 너무 어렵지도 않은, 약간 어려운 정도의 과제가 적합합니다. 아이의 수준보다 살짝 어려워 도전 의식을 느끼게 하면서도 결국엔 해낼 수 있는 난이도가 좋지요.

이외에도, 몰입을 위해서는 명확한 목표가 중요한 역할을 합니다. 해야 할 일이 분명하고 구체적일수록 집중하기 쉬워지고 몰입이 잘 이루어지기 때문입니다. 또한, 즉각적인 보상이나 성과도 몰입을 지속하는 데 중요한 요소입니다. 활동 중 좋은 성과를 내거나 쾌감을 느낄 수 있다면 몰입 상태를 오래 유지할 수 있습니다.

아이들이 게임에 빠지는 이유를 몰입의 관점에서 보면 이해가 쉽습니다. 난이도가 너무 낮으면 게임은 재미가 없습니다. 될 듯 말 듯 되게 하여 성취감을 느끼게 하는 게임이 재미있지요. 특히 난이도가 점점 높아지고 레벨이 하나씩 올라갈 때 느끼는 쾌감은 큰 동기 부여가 됩니다. 거기에 폭죽이 팡팡 터지고 아이템이 쌓이는 즉각적인 보상은 아이들을 게임 속으로 계속 끌어들이는 요소가 됩니다. 삶에서도 게임처럼 과제의 난이도를 조금씩 조절하면 도전 의욕을 키울 수 있습니다. 그러면 몰입에 한 걸음 더 다가갈 수 있을 것입니다.

　부모님들은 "십 분이면 풀 문제를 한 시간 동안 붙잡고 있어요. 문제 풀면서 노래 부르고, 낙서하고, 정말 속이 터져요"라며 답답해합니다. 하지만 혹시 그 문제의 수준이 아이에게 너무 어려운 건 아닌지 살펴보세요. 아이의 집중력에 문제가 있는 게 아니라, 난이도가 맞지 않는 문제집이 원인일 수 있습니다.

집중력 단련을 위한 적절한 과제 선정하기

　집중력을 높이고 학업 성과까지 발전시키려면, 개인의 능력과 과제 수준을 잘 맞춰야 합니다. 아이가 공부 중에 집중력이 흐트러진다면, 이 두 가지 요소가 잘 맞지 않을 가능성이 높습니다. 아이의 현재 수준을 정확히 파악한 뒤, 살짝 어렵지만 도전할 만한 과제를 주어야 합니다. 아이가 과제를 해결하며 성취감을 느낄 수 있어야 하기 때문입니다.

　먼저 아이의 수준을 파악합니다. 학교에서 배우는 학습 내용을 기준으로 삼으세요. 가령, 아이가 5학년 1학기 사회 시간에 배운 '법의 의미와 역할, 헌법과 인권 보장' 단원 평가에서 50점 미만을 받았다면, 아이는 수업 시간에 집중하기 어려운 상태일 것입니다. 아이의 능력에 비해 학교 과제 수준이 매우 높은 편이니까요. 이런 경우에는 가정에서 학교 수업이 있기 전, 예습을 통해 아이의 실력을 높여 주어야 합니다.

문제집을 고를 때도 아이 수준보다 약간 어려운 문제집을 선택합니다. 수학 문제집 같은 경우 정답률이 70% 정도가 적절합니다. 정답률이 70% 이상인 경우에는 너무 쉽고, 70% 미만이라면 어려워 힘들어합니다. 그리고 실력이 오르는 만큼 과제의 난이도도 차츰 올리는 것이 바람직합니다. 수영을 배운다고 가정해 보세요. 제아무리 신체운동지능이 뛰어나도 처음부터 접영을 배울 수는 없습니다. 발차기부터 시작해 차근차근 도장 깨듯이 자기 실력에 맞추어 단계를 밟아 가야 합니다.

과제를 정했다면 명확하고 작은 목표를 세우세요. 예를 들어, 수학 문제집의 표지를 넘겨 보면 '8주 완성'이나 '12주 완성' 같은 스케줄표가 나와 있습니다. 문제집 출판사에서 친절하게 목표를 설정해 준 것인데요. '8주 만에 문제집 한 권을 끝내겠어!'라는 식으로 목표를 명확하게 세우면, 아이는 목표를 달성하기 위해 꾸준히 노력하게 됩니다.

충분한 시간을 투자하는 것도 중요합니다. 과제를 해결하는 과정에는 시작과 끝이 있어야 합니다. 그런데 일을 시작해 놓고 시간이 부족해 마무리를 못 한다면, 몰입의 즐거움을 느끼기 어렵습니다. 마치 스웨터를 뜨개질하다가 몸통만 만들고 소매를 못 만든 채 끝내는 것과 같지요. 따라서 꾸준히 시간을 투자해 끝까지 완수하도록 해야 합니다. 예를 들어, 하루의 수학 공부 목표가 문제집 2쪽 풀기라면, 그 목표를 완성할 때까지는 다른 일에 신경 쓰지 않고 집중하게 도와주세요. 만약 시간이 너무 오래 걸린다면 과제 수준이 현재 아이의 능력보다 높을 가능성이 큽니다. 이럴 땐 과제 난이도를 조정해 아이가 다시 도전할 수 있게 해 주세요.

목표 달성을 위해 다양한 방법을 활용하세요. 5학년 사회 교과서, '법의 의미와 역할, 헌법과 인권 보장' 단원에는 꽤 어려운 용어가 많이 나옵니다. 이런 용어를 익히기 위해 반복해서 읽기, 마인드맵 그리기, 쓰면서 암기하기 등 다양한 방법을 시도해 보세요. 그러다 보면 아이에게 가장 잘 맞는 공부법을 찾게 되고, 자연스럽게 집중력도 더욱 높아집니다.

지속적인 피드백은 선택이 아닌 필수입니다. 매일 목표를 달성했을 때 별표를 그려 주며 칭찬하는 작은 행동도 훌륭한 피드백입니다. 문제를 풀다가 좌절의 순간이 왔을 때 "잘하고 있어. 조금만 더 생각해 볼까?" "너는 할 수 있어"라며 격려의 말을 건네면 아이는 어려운 문제도 다시 풀어 볼 용기가 생깁니다. 또한 고학년으로 갈수록 스터디 플래너를 활용해 자기 스스로 피드백하는 습관을 들이는 것도 좋습니다. 이는 자아 존중감을 높이고, 나아가 집중력 강화에도 큰 도움이 됩니다.

우리 아이 집중력 단련하기 - 머리 2	
솔루션 ⑧ 집중력 단련을 위한 적절한 과제 선정하기	
0	수준에 맞게 과제를 설정하기
1	아이 수준 파악하기
2	약간 어려운 문제집 선택하기
3	명확하고 작은 목표 세우기
4	충분한 시간을 투자하기
5	목표 달성을 위해 다양한 방법 활용하기
6	지속적인 피드백하기

아이는 성장하면서 발 크기에 맞는 신발을 신어야 합니다. 너무 크면 걷기 불편하고 넘어지기 쉬우며, 너무 작으면 답답해 활동에 지장을 줍니다. 과제도 마찬가지입니다. 아이가 도전하는 과제가 지나치게 어렵거나 너무 쉬운지 점검해 보세요. 발 크기에 맞춰 신발을 바꾸듯, 아이의 수준에 맞는 과제를 선택해 실력을 키우는 것이 중요합니다. 여기에 구체적인 목표와 긍정적인 피드백이 더해지면, 아이의 집중력은 크게 자랄 것입니다.

바로 써먹는 집중력 단련 워크시트

☑ 머리 2. 집중력 단련을 위한 적절한 과제 선정하기

0	수준에 맞게 과제를 설정하기	수준에 맞는 과제와 목표를 설정한 후 실천 결과를 작성한다.
1	아이 수준 파악하기	현재 학교에서 배우는 학습 성취도를 객관적으로 살피며 아이의 수준 파악하기 (잘함 : 80~100, 보통 : 60~80, 부족 : 60점 미만) 평가 사이트 : 에듀넷 > 학습자료 > 학습·평가자료 https://www.edunet.net/clssStdDt/list/149 국어 : 잘함 / 보통 / 부족 수학 : 잘함 / 보통 / 부족 영어 : 잘함 / 보통 / 부족
2	약간 어려운 문제집 선택하기	현재 아이의 문제집이 정답률 70% 정도가 되는지 확인하여 아이의 수준에 적절한지 파악한다. 국어 문제집 : 쉬움 / 적절 / 어려움 수학 문제집 : 쉬움 / 적절 / 어려움 영어 문제집 : 쉬움 / 적절 / 어려움
4	명확하고 작은 목표 세우기	일정한 기간을 설정하고, 이루고자 하는 학습 목표를 세운다. (예 : 12주 동안 수학 문제집 1권 끝내기) 기간 : 목표 :
5	충분한 시간을 투자하기	목표 달성을 위해 하루 중 공부에 사용할 수 있는 시간을 적는다.
6	목표 달성을 위해 다양한 방법 활용하기	목표 달성을 위해 시도한 다양한 공부법을 적는다.
7	지속적인 피드백하기	주기적으로 목표 달성을 잘하고 있는지 점검하고, 그에 대한 의견이나 평가를 남긴다. 1차 : 잘함 / 보통 / 부족 2차 : 잘함 / 보통 / 부족 3차 : 잘함 / 보통 / 부족 4차 : 잘함 / 보통 / 부족

03

싫어하는 일에도
집중해야 한다

싫어하는 일에도 집중하는 힘

학교에서 공부 잘하는 학생들의 특징은 무엇일까요? 그건 바로 싫어하는 일에도 집중하는 힘이 있다는 것입니다. 공부는 원래 자신과의 싸움이라고 하지요. 재미있기보다는 지루하고 힘든 일입니다. 하고 싶은 과목만 공부해서는 좋은 성과를 기대할 수 없습니다. 영어를 좋아한다고 영어만 공부하고 다른 과목 공부를 게을리하거나, 과학 시간에 실험에는 흥미를 보이는데 이론 수업에 소홀하다면 학업 전반에서 우수한 성과를 기대하기 어렵습니다.

집중력이 짧은 어린이들을 위해 초등학교에서는 선생님들이 게임이나 놀이식 학습을 활용하곤 합니다. 그러면 아이들은 눈을 반짝이며 적극적으로 수업에 참여합니다. 하지만 교과서의 내용을 강의식으로 설명하기 시작하면 집중력이 점차 떨어집니다. 수업에 흥미를 잃고 수업 내용도 귀에 들어오지 않아요.

재미있고 좋아하는 일을 할 때는 자연스럽게 의욕이 생기고, 집중하기 쉬워집니다. 하지만 진정한 집중력은 내가 좋아하지 않는 일에도 몰두할 수 있는 힘에서 나옵니다. 온갖 유혹과 산만함을 이겨 내며 지루한 수업도 끝까지 듣는 태도지요. 순간의 즐거움이나 보상보다는 장기적으로 더 가치 있는 것이 무엇인지 생각하고 자신의 태도를 결정하는 자세입니다.

싫어하는 일에도 집중할 수 있는 힘은 자기 자신을 다스리고 통제하는 능력에서 나옵니다. 사람은 본능적으로 자극적인 만족감을 추구하지만, 이를 참고 자제력을 발휘하는 것입니다. 예를 들어, 다이어트를 할 때 식탁 위에 놓인 치킨의 유혹을 뿌리치며 건강한 식단을 지키는 모습을 떠올려 보세요. 더 나은 선택을 고민하며 목표를 이루기 위해 행동으로 실천하는 힘이 바로 자기 통제력입니다. 이처럼 자기 통제는 집중력을 이끌어 내는 원동력이자, 목표 달성을 위한 중요한 열쇠입니다.

아무래도 아이들은 성인보다 자제력이 부족합니다. 뇌의 전두엽이 성인만큼 발달하지 않았기 때문입니다. 자기 통제, 자제력, 인내심은 본능이 아니라, 생각하고 판단하는 과정에서 만들어지며, 뇌의 전두엽이 이 역할을 담당합니다. 아이들은 다양한 상황을 경험하며 무엇을 해도 되고 무엇을 해서는 안 되는지를 배웁니다. 싫어하는 일을 해야 하거나 좋아하는 일을 마음대로 하지 못하는 상황을 반복적으로 겪으면서, 이와 관련된 뇌 영역이 점차 발달합니다. 이러한 반복 학습을 통해 아이들은 점점 더 효과적으로 자제력을 발휘할 수 있게 됩니다.

스코틀랜드 스털링대학교 행동과학센터의 마이클 달리(Micheal Daly) 박사와 연구진은 어린 시절의 자제력이 성인이 된 후 실업률에 미치는 영향을 연구했습니다. 연구는 6,657명의 7세 어린이를 대상으로 시작해, 이들이 38세가 될 때까지 실업 기간을 조사했어요. 연구진은 자제력을 '충동을 억제하는 능력, 어려운 과제를 지속하는 능력, 집중할 수 있는 능력'으로 정의하고 평가했습니다. 약 30년에 걸친 데이터를 분석한 결과, 자제력이 낮은 어린이들은 자제력이 높은 어린이들에 비해 실업자로 지낸 기간이 1.6배 더 길었다는 사실이 밝혀졌습니다.

자제력은 집중력과 깊은 관련이 있으며, 어릴 때 몸에 익힌 자제력은 성인이 되어서도 큰 영향을 미칩니다. 순간적인 즐거움을 따라 살 수도 있고, 만족을 미루더라도 목표를 이루기 위해 노력하며 살 수도 있습니다. 이러한 선택의 차이는 어릴 때 반복한 행동이 습관으로 자리 잡으면서 결정됩니다. 성인이 되어 성공적인 삶을 살려면 어려서부터 자신의 감정을 제어하고 인내하는 훈련이 반드시 뒤따라 주어야 합니다.

집중력 단련을 위한 자제력 키우기

아이들의 전두엽은 아직 발달 중이어서 감정을 조절하거나 계획을 세우는 것이 어렵습니다. 여덟 살 아이는 즉각적인 감정에 의해 행동하고, 주변 상황을 잘 인식하지 못할 때가 많습니다. 마음에 들지 않는 상황이 생기면 화를 내거나 울음으로 표현해 버리지요. 또한 이제 도덕적 규칙과 올바른 행동을 배우는 단계이기 때문에, 상황에 따라 적절한 결정을 내리기 어렵고 대인 관계를 맺는 것도 서툽니다.

그러나 어릴 때부터 자제력을 키우는 올바른 습관을 형성하면 아이의 뇌는 원시적인 본능을 넘어 자기 자신을 조절하고, 충동에 흔들리지 않으며, 필요한 일이라면 싫어하는 것도 집중할 수 있는 방향으로 성장할 수 있습니다. 아래의 자제력 키우기 방법을 활용해 아이의 집중력을 길러 보세요.

첫째, 긍정적인 마음을 가지도록 지도합니다. '피할 수 없으면 즐겨라'라는 말처럼, 꼭 해야 하는 일이라면 마음에 들지 않아도 긍정적으로 생각하게 합니다. '재미없어, 난 안 할래'라고 단념하기보다는, '그래도 한번 해 볼까?'라는 마음을 가지게 도와주세요. 이를 위해서는 부모의 따뜻한 응원이 필요합니다. 아이가 '나는 잘할 수 있어!'라는 자신감을 가질 수 있도록 끊임없이 격려해 주어야 합니다.

둘째, 포모도로 공부법을 활용하세요. 포모도로 기법(Pomodoro Technique)은 시간 관리 방법으로, 짧은 시간 동안 집중하고 그 후 짧은 휴식을 반복하는 기법입니다. 보통 25분 공부하고 5분 휴식하는 방식으로 진행됩니다. 단, 휴식 시간에는 스마트폰, SNS 등은 삼가는 게 좋습니다. 집중할 때는 스마트폰 타이머를 사용하지 않는 것이 좋습니다. 대신, 주방용 타이

머나 구글 타이머 등 한눈에 보기 쉬운 타이머를 추천합니다. 타이머의 시간이 줄어드는 걸 보며, 아이들은 곧 휴식이 온다는 것을 자연스럽게 느끼게 되고, 덕분에 공부에 더 집중할 수 있습니다.

셋째, 해야 하는 이유를 스스로 깨닫게 도와주세요. "공부하기 싫어. 어떻게 하지?"보다는 "공부를 왜 해야 하지?"라고 생각해 보게 하는 것이 더 좋습니다. 아이가 공부해야 하는 이유를 모른다면, 지루함을 느끼고 집중하기 어려울 수 있어요. 이럴 때, 부모가 이유를 쉽고 친절하게 설명해 주세요. "돈 많이 벌려면 공부해야 해" 같은 말보다는, "공부를 하면 세상을 더 잘 이해할 수 있어" "네가 꿈꾸는 일을 이루려면 공부가 필요해" "공부는 네 능력을 키워 더 멋진 삶을 살게 도와줄 거야"처럼 공부의 본질에 관해 이야기해 주세요. 그 과정에서 아이는 스스로 공부가 왜 중요한지 깨닫게 됩니다. 이러한 부모의 대화와 조언은 공부뿐만 아니라, 자제력이 필요한 모든 일에서도 큰 도움이 됩니다.

넷째, 일단 그냥 시작하게 도와줍니다. 하기 싫다고 생각하면 계속해서 하기 싫어집니다. 싫든 좋든 반드시 해야 하는 숙제라면, 학교에서 돌아오자마자 일단 그냥 하는 것이 좋습니다. '이따 저녁에 해야지' '내일 아침에 해야지' 하면서 미루다 보면 하기 싫은 마음만 커지고 효율성도 떨어집니다. 무슨 일이든 처음 2분만 일단 시작하면 그다음부터는 생각보다 자연스럽게 진행됩니다.

다섯째, 주위를 흩뜨리는 요소를 제거합니다. 예를 들어, 냉장고에 가득

찬 콜라는 콜라를 먹지 않기로 한 아이에게 큰 유혹이 될 수 있습니다. 좋아하는 콜라가 눈앞에 있으면, 자제력이 높은 어른도 참기 힘들어요. 자제력을 시험하기보다는 유혹을 미리 없애는 것이 좋습니다. 앞서 포모도로 공부법에서 스마트폰 타이머를 추천하지 않은 이유도 여기에 있습니다.

우리 아이 집중력 단련하기 - 머리 3	
솔루션 ⑨ 집중력 단련을 위한 자제력 키우기	
0	자제력 키우는 습관 형성하기
1	긍정적인 마음 갖기
2	포모도로 공부법 활용하기
3	해야 하는 이유 찾기
4	일단 그냥 시작하기
5	주위를 흩뜨리는 요소 제거하기

아이의 자제력을 키운다고 부모가 지나치게 통제하면 오히려 부작용이 생깁니다. 대신, 기초 학습 능력, 올바른 생활 습관, 안전과 관련해 꼭 지켜야 할 기준을 세우고, 자제력을 자연스럽게 단련할 수 있는 환경을 만들어 주세요. 다양한 활동을 통해 자제력을 키우면 의지력까지 크게 향상되며, 아이는 한 단계 더 성장할 것입니다.

바로 써먹는 일주일 집중력 단련 워크시트

☑ 머리 3. 집중력 단련을 위한 자제력 키우기

		월	화	수	목	금	토	일
0	자제력 키우는 습관 형성하기	일주일 동안 아이가 자제력을 발휘한 일을 스스로 적고, 평가하게 한다.							잘함 / 보통 / 부족
1	긍정적인 마음 갖기	다음의 말을 일주일 동안 따라 쓰게 하고 자신감이 생기는지 효과를 평가한다.						
		난 할 수 있다	난 멋져	난 최고야	난 사랑스러워	난 나를 믿어	난 중요해	난 행복해
		○ X	○ X	○ X	○ X	○ X	○ X	○ X
2	포모도로 공부법 활용하기	아이에게 맞는 시간을 정해 포모도로 공부법을 실천하고, 이행 여부를 체크한다.						
		○ X	○ X	○ X	○ X	○ X	○ X	○ X
3	해야 하는 이유 찾기	아이가 무언가에 집중해야 하는 이유를 구체적으로 생각해 글로 적게 한다.						
4	일단 그냥 시작하기	아이가 습관으로 만들고 싶어 하는 일을 적고, 일주일 동안 일단 시작해 보게 한 뒤, 실천 사항을 체크한다.						
		가장 습관으로 들이고 싶은 일 :						
		○ X	○ X	○ X	○ X	○ X	○ X	○ X
5	주위를 흩뜨리는 요소 제거하기	공부하거나 독서할 때 집중력을 방해하는 요소가 무엇인지 적는다.						

환경

집중력의 효과를 높여라

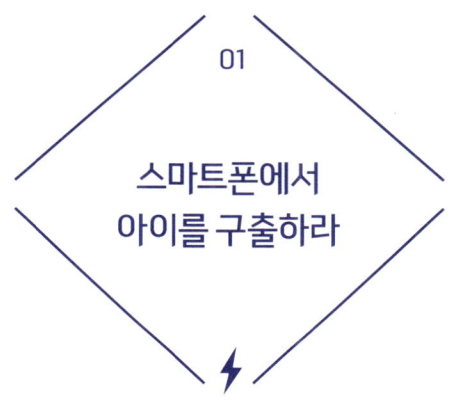

스마트폰의 주인이 되어라

"요즘 애들 스마트폰이 문제예요, 문제!"

스마트폰이 문제라며 걱정하는 어른들이 늘었지만, 한편으로는 '설마 그렇게 나쁠까?' 생각하며 너무 쉽게 아이들에게 스마트폰을 사 줍니다. 그리고 식당이나 마트에서 아이를 달래기 위해 아무렇지 않게 스마트폰을 건넵니다. 그 결과, 아이들은 놀이터, 학원, 교실에서도 스마트폰을 쉽게 손에서 놓지 못합니다.

제대로만 활용하면 무슨 문제가 있을까요. 아이들이 스마트폰의 '주인'이 되어야 하는데 '노예'가 되어 버리니 문제가 발생하는 것입니다. 정해진 시간만 하기로 약속했는데 지키지 않고, 하지 말라고 하면 폭력적으로 변하는 아이도 있습니다. 스마트폰 외에는 다른 즐길 거리를 찾지 못하고, 외식이나 외출조차 꺼리며 오직 스마트폰에만 몰두한다면 상황이 심각합니다.

아이들만 탓할 수는 없습니다. 스마트폰을 사서 아이 손에 쥐여 준 사람은 부모이며, 그 책임은 매우 큽니다. 아이들은 아직 뇌가 미성숙하여 어른보다 더욱 자기 통제 능력이 미숙합니다. 스마트폰을 사 주기 전에, 스마트폰의 부정적인 영향을 충분히 고민했는지 부모는 자문해야 합니다.

많은 나라에서 아이들의 스마트폰 사용을 제한하고 관리하기 위해 다양한 법과 정책을 시행하고 있습니다. 프랑스는 2018년에 제정된 '디톡스 법'에 따라 3~15세 학생들이 학교 안에서 스마트폰을 사용할 수 없게 했습니다. 또한, 3세 미만의 아이에게는 영상 시청을 전면 금하고, 13세 이하의 어린이에게는 스마트폰 사용 제한을 검토하고 있어요. 네덜란드는 2024년 1월부터 학교에서 스마트폰과 태블릿 PC 같은 스마트 기기 사용을 제한하기 시작했습니다. 대만은 2세 이하 아이에게 스마트 기기 사용을 전면 금지하고, 이를 어길 경우 벌금을 부과합니다. 미국 플로리다주는 13세 이하 어린이의 SNS 가입을 금지하고, 14~15세는 가입시 부모의 동의가 필요하도록 했습니다. 뉴욕시는 2025년 2월부터 학교 내 스마트폰 사용을 완전히 금지했습니다. 영국은 16세 미만 아이에게 스마트폰 판매를 금지하는 방안을 검토 중이며, 스페인은 SNS 계정을 만들 수 있는 최소 나이를 14세에서 16세로 올린다는 법안을 승인했습니다.

2023년 유네스코 조사에 따르면, 전 세계 약 200여 개 국가 중 50여 개

국가가 법이나 지침으로 학교 내 스마트폰 사용을 금지하고 있는 것으로 나타났습니다. 많은 나라가 "스마트폰은 학교 수업을 방해하고 집중력을 저해한다"는 의견에 동의하며, 아이들의 정서 발달과 집중력에 부정적인 영향을 줄이기 위해 스마트폰 사용을 제한해야 한다고 강조하고 있습니다.

반면, 우리나라 국가인권위원회는 2024년, '학교에서 학생의 휴대 전화 소지를 전면 제한하는 것은 인권 침해'라고 선언하며, 학교에서 일괄적으로 휴대폰을 수거하는 방식에 비판의 목소리를 냈습니다. 이는 유럽과 미국 등 많은 선진국에서 IT 기술의 발전과 균형을 맞추면서도, 아이들의 스마트폰 사용을 제한하려는 움직임과는 다소 거리가 있는 처사로 보입니다.

스마트폰을 비롯한 디지털 기기 사용 시간이 늘어나면 학업 성적에도 영향을 미칠까요? 한국교육학술정보원의 '2023 디지털교육백서'에 따르면, 디지털 기기 사용 시간이 늘어날수록 수학 성취도가 낮아지는 것으로 나타났습니다. 디지털 기기 사용 시간이 1시간 늘어날 때마다 수학 성취도 점수가 평균 3점씩 떨어졌습니다. 또한, SNS와 앱 알림을 꺼 둔 학생들의 수학 성취도 점수는 그렇지 않은 학생들보다 27점 더 높았습니다. 특히 잠잘 때 알림을 끄는 학생은 그렇지 않은 학생보다 16점 더 높은 성취도를 보였습니다. 이는 수업 시간이나 수면 시간에 알림을 켜 두는 등 디지털 기기에 의존도가 높은 학생일수록 수학 성취도가 떨어진다는 것을 보여 줍니다.

또한, 전문가들은 스마트폰이 아이의 정서 안정에 부정적인 영향을 미칠 수 있으며, 불안감과 우울감을 높일 수 있다고 경고합니다. 우리나라를 비롯해 미국, 프랑스 등 여러 나라의 교사들 역시 '스마트폰이 주의 산만을 유발하는 주요 요인'이라며 그 위험성을 지적하고 있습니다. 스마트폰이 아이들의 정서를 해치고 학업 성적에도 악영향을 미칠 수 있는 만큼, 아이들의 디지털 기기 사용에 대한 더욱 깊이 있는 고민과 논의가 필요합니다.

☑ 디지털 기기 사용에 대한 감정 및 행동과 수학 성취의 관계

설문 문항 및 세부 질문	다음 행동이나 감정에 대해 긍정적(절반 이상/항상 또는 거의 항상)으로 응답할 때 수학 성취도 변화			
여러분의 디지털 기기 사용에 대해 생각해 보시오. 여러분은 다음과 같이 얼마나 자주 느끼거나 행동합니까?	대한민국		OECD 평균	
	점수 차이	표준 오차	점수 차이	표준 오차
나는 수업 중에 디지털 기기에서 SNS와 앱의 알림을 꺼 놓는다.	27*	(7.4)	17*	(0.5)
나는 잠잘 때 디지털 기기에서 SNS와 앱의 알림을 꺼 놓는다.	16*	(4.0)	10*	(0.5)
나는 집에 있을 때 메시지에 답하기 위해 디지털 기기를 가까이 둔다.	9	(6.0)	21*	(0.8)
나는 수업 시간에 필기를 하거나 정보를 검색할 수 있도록 디지털 기기를 열어 둔다.	-8	(4.8)	-6*	(0.5)
나는 수업 중에 온라인에 접속하고 메시지에 답해야 하는 것이 부담스럽다.	8*	(3.2)	-18*	(0.5)
나는 디지털 기기가 근처에 없으면 초조하고 불안하다.	-7	(4.4)	-9*	(0.4)

*통계적으로 유의한 차이를 표시함. (점수 차이는 평균과의 차이임)
출처_한국교육학술정보원(KERIS)의 '2023 디지털교육백서' 일부 발췌

집중력 단련을 위한 올바른 스마트폰 사용법 익히기

컴퓨터 분야의 대가로 알려진 빌 게이츠(Bill Gates)는 큰딸이 열 살 때, 매일 두 시간씩 게임하는 걸 보고 충격을 받았습니다. 그 후, 딸의 디지털 기기 사용을 관리하기 위해 규칙을 정했고, 14세가 될 때까지 스마트폰을 사 주지 않았습니다. 스마트폰을 허락한 이후에도 식사 시간에는 사용을 철저히 제한했으며, 침실에는 스마트폰을 가져가지 못하도록 했습니다. 딸이 친구들 모두 스마트폰을 사용한다고 불평해도 빌 게이츠는 단호하게 규칙을 엄수했습니다.

애플의 창립자인 스티브 잡스(Steve Jobs)의 자녀도 비슷한 사례로 알려져 있습니다. 그의 생전에 기자가 "당신의 자녀도 아이패드를 좋아하나요?"라고 묻자, 잡스는 "아이들은 써 본 적이 없어요"라고 대답한 일화가 유명하지요. 스티브 잡스는 디지털 기기의 중독 위험성을 누구보다 잘 알고 있었기에, 가정 내에서 명확한 사용 규칙을 마련해 자녀들이 이를 따르도록 했습니다. 10세 미만 아이에게는 주말에만 최대 2시간 사용할 수 있게 했고, 침실에서는 전자 기기 사용을 금했습니다. 스마트폰은 14세부터 허용했습니다.

우리 아이들은 스마트폰을 사용하는 세대, 이른바 '호모 스마트포니쿠스(Homo Smartphonicus)'입니다. 그렇기에 스마트폰이 아무리 유해하더라도 완전히 차단하는 건 현실적으로 어려워요. 대신, 빌 게이츠나 스티브 잡스처럼 아이들의 스마트폰 사용을 관리하고 명확한 규칙을 세워 지키게 해야 합니다. 부모가 일방적으로 규칙을 정하기보다 스마트폰 사용의 부작용을 차근차근 설명하며, 아이와 소통하면서 규칙을 정하세요. 규칙은 구체적일수록 효과적입니다. 이를 지키면서 아이들이 스스로 통제하는 법을 배울 수 있습니다.

첫째, 아이가 스마트폰을 최대한 늦게 접하는 것이 좋습니다. 아직 자제력이 부족한 아이들에게는 신중하게 접근해야 하지요. 『불안 세대』의 저자 조너선 하이트(Jonathan Haidt)는 스마트폰이 술이나 담배만큼 유해하다며, 제한이 필요하다고 강조합니다. 그는 현실 세계의 과잉 보호와 가상 세계의 과소 보호로 인해 아이들의 뇌가 병들어 간다고 경고하며, 14세 전에는 스마트폰을 금지하고 기본 기능만 있는 휴대폰을 사용하게 하라고 말합니다. 따라서 주변 아이들이 다 스마트폰을 가지고 있다는 이유로 쉽게 판단하지 말고, 아이의 뇌 발달 시기를 고려해 신중하게 결정해야 합니다.

둘째, 아이의 스마트폰을 관리하세요. 하루에 스마트폰을 사용할 수 있는 시간을 정하고, 사용할 앱은 부모의 허락을 맡고 설치하도록 합니다. 부모가 자녀의 스마트폰을 보더라도 거리낌이 없도록 아이와 신뢰 관계를 유지하세요. 다만, 고학년 아이들의 사생활은 적절히 존중하는 균형도 필요합니다. 안드로이드폰은 구글 패밀리 링크(Google Family Link), 아이폰은 스크린 타임(Screen Time) 같은 기능을 활용하여 아이의 스마트폰을 관리하세요. 미국소아과학회에서 초중고 학생들에게 권고하는 스마트 기기 사용 시간은 하루 1~2시간입니다. 우리나라 정신건강의학과 전문의들도 2시간을 넘기지 말라고 충고합니다. 가정의 상황과 아이의 발달 단계를 고려해 적절한 사용 시간을 정하고, 이를 일관되게 실천해 보세요.

셋째, 집중이 필요한 공부 시간에는 스마트폰을 금지합니다. 이를 위해 스마트폰을 보이지 않는 곳에 두는 규칙을 정하세요. 거실에 스마트폰 수거함용 바구니를 마련하고, 공부를 시작할 때는 스마트폰을 그 안에 넣게 합니다. 이때 알림을 끄거나, 벨소리를 무음이나 진동으로 변경합니다. 스마트폰 자체를 아예 꺼 두는 것도 좋은 방법입니다.

넷째, 식사 시간, 잠자리에서 스마트폰 사용을 금지합니다. 가족과 둘러앉아 대화하며 밥을 먹는 시간은 유대감을 쌓는 소중한 기회입니다. 이 시간을 스마트폰에 빼앗기면 부모와 관계가 멀어지고, 사회에서 적절히 행동하는 법을 배우지 못합니다. 침대에서도 스마트폰은 사용하지 않도록 하세요. 잠자기 전에 거실에 있는 수거함에 스마트폰을 반납하고 가볍고 편안한 마음으로 잠자리에 드는 습관을 들입니다.

다섯째, SNS의 사용을 제한해야 합니다. 자기 정체성이 아직 확립되지 않은 아이들은 SNS에서 완벽해 보이는 다른 사람과 자신을 비교하며 자존감을 떨어뜨리고, 우울감과 불안감을 느낄 수 있습니다. 또한, SNS는 학교 폭력의 온상이 될 수 있습니다. 아이들이 친구를 비방하거나 괴롭히는 수단으로 사용할 수도 있고, 반대로 자신이 피해자가 될 위험도 있습니다. 더불어, 허위 정보와 유해한 콘텐츠에 무방비로 노출될 위험도 큽니다. 『불안

세대』를 쓴 조너선 하이트가 16세 미만 아이들에게 SNS 사용을 금지해야한다고 주장했듯이, 아이가 더 성숙해지고 스스로 자제할 수 있을 때 허용하는 것이 바람직합니다.

여섯째, 무엇보다 부모가 스마트폰 사용에 모범을 보여야 합니다. 가족이 모여 식사할 때 엄마와 아빠가 각자 스마트폰만 들여다보고 있다면, 아이도 자연스레 스마트폰에 손이 갈 것입니다. 스마트폰보다 아이와의 대화를 더 소중히 여기는 모습을 보여 주세요. 보드게임, 산책, 오목 같은 여가 활동을 아이와 함께 즐기면, 아이는 스마트폰보다 더 재미난 세상이 있다는 것을 배웁니다. 부모의 올바른 행동이 백 마디 잔소리보다 효과적입니다.

우리 아이 집중력 단련하기 - 환경 1	
솔루션 ⑩ 집중력 단련을 위한 올바른 스마트폰 사용법 익히기	
0	명확한 규칙 세워 지키기
1	최대한 늦게 접하기
2	아이의 스마트폰 관리하기
3	허락 맡고 앱 설치하기
4	공부, 식사, 취침 전 사용하지 않기
5	공부, 식사, 취침 시 알림 끄기
6	아이의 SNS 사용 제한하기
7	모범을 보이는 부모 되기

많은 연구에서 스마트폰을 비롯한 과도한 미디어 사용이 아이들의 언어 발달을 늦추고, 집중력과 기억력을 담당하는 전두엽에 치명적인 영향을 준다고 말합니다. 정서에 부정적인 영향을 끼치고 사회성 발달까지 저해할 수 있다는 분석도 나옵니다. 무한한 잠재력을 지닌 아이의 뇌가 스마트폰 때문에 위축되지 않도록 해 주세요. 아이의 발달 단계와 정서에 맞는 규칙을 정해 지키도록 지도해 주세요. 스마트폰에 아이를 가두지 말고, 오감을 자극하는 다양한 경험을 통해 건강한 뇌 발달이 이루어지도록 도와주세요.

바로 써먹는 일주일 집중력 단련 워크시트

☑ 환경 1. 집중력 단련을 위한 올바른 스마트폰 사용법 익히기

		월	화	수	목	금	토	일
0	명확한 규칙 세우기	아이와 소통하며 정한 디지털 기기 사용 규칙을 적는다.						
1	최대한 늦게 접하기	아이가 스마트폰을 처음 사용한 시기를 적고, 적절한지 평가한다.						
								빠름 / 적절함 / 늦음
2	사용 시간 정하기	일주일 동안 스마트폰 총 사용 시간을 적는다.						
3	허락 맡고 앱 설치하기	부모 동의 아래 앱 설치를 하겠다고 약속한다.						
		O X	O X	O X	O X	O X	O X	O X
4	공부, 식사, 취침 전 사용하지 않기	공부, 식사, 취침 전 스마트폰을 사용하지 않았는지 실천 사항을 체크한다.						
		공부 : O X	공부 : O X	공부 : O X	공부 : O X	공부 : O X	공부 : O X	공부 : O X
		식사 : O X	식사 : O X	식사 : O X	식사 : O X	식사 : O X	식사 : O X	식사 : O X
		취침 : O X	취침 : O X	취침 : O X	취침 : O X	취침 : O X	취침 : O X	취침 : O X
5	공부, 식사, 취침 시 알림 끄기	공부, 식사, 취침 시에 알림을 꺼 두었는지 체크한다.						
		O X	O X	O X	O X	O X	O X	O X
6	아이의 SNS 사용 제한하기	'나는 ○○세 이상 되어야 SNS를 사용할 것이다'라는 서약서를 작성한다. (권장 : 16세)						
7	모범을 보이는 부모 되기	일주일 동안 부모의 스마트폰 사용 시간을 적는다.						

02 정리는 집중력의 시작이다

주변 정리가 집중력을 올린다

학교에서 ADHD 학생들을 자주 보게 됩니다. 이 아이들의 특징 중 하나는 주의 집중력이 부족한 것과 함께 주변 정리가 잘 안 된다는 점이에요. 예를 들어, 5교시 수업인데도 책상 위에는 1교시부터 꺼내 놓은 책과 공책이 쌓여 있는 경우가 많습니다. 볼펜 등 필기구는 여기저기 흩어져 있고, 가방은 열린 채 바닥에 널브러져 있기도 해요. 사물함 속도 뒤죽박죽입니다. 온갖 잡동사니가 뒤엉켜서 필요한 물건을 찾으려면 다 쏟아 내야 할 정도입니다.

주변 정리가 잘 되어 있지 않으니, 집중력에도 영향을 미칩니다. ADHD 증상이 있어 가뜩이나 수업에 집중하기 힘든데, 학습지 하나를 찾기 위해 책상 서랍과 사물함을 다 뒤지다 보면 더 산만해질 수밖에 없어요. 쓰고 난 물건을 제자리에 두지 않아 자주 잃어버리기도 합니다.

따라서 선생님들은 아이들에게 수업 전에 주변 정돈부터 하도록 당부합니다. 책가방은 책상 고리에 걸어 두고, 필요한 책과 필기구만 책상 위에 올려놓으며, 사물함에는 바구니나 책꽂이를 사용해 물건이 들어가야 할 자리를 정해 두게 합니다. 처음엔 어려워하지만, 반복적으로 지도하고 연습하게 하면 차츰 주변이 정돈되는 모습을 보게 됩니다. 이렇게 물건을 찾느라 시간을 허비하지 않으면 공부에 더 쉽게 집중할 수 있고, 이후 수업에서 집중하는 시간이 차츰 늘어납니다.

물리적인 환경에 따라서도 집중력이 달라집니다. 뇌는 정돈된 상태를 선호하는데, 어수선한 환경은 뇌에 불필요한 자극을 주어 집중을 방해합니다. 반면, 정돈된 환경은 시각적인 자극을 줄여 주어 꼭 필요한 일에 더 쉽게 집중할 수 있게 합니다.

정돈된 환경에서는 심리적으로 안정감을 느낍니다. 만약 말끔하게 정돈된 5성급 호텔에서 하룻밤을 묵는다면 어떤 기분이 들까요? 편안해지겠지요? 실제로 신경 과학 연구에 따르면, 어수선한 환경에서는 스트레스 호르몬인 코르티솔 수치가 높아진다고 합니다. 좁은 공간에 쌓인 옷더미, 서랍 속에 아무렇게나 쑤셔 넣은 물건들, 사탕 봉지와 필기구가 뒤엉킨 책상 등 정돈되지 않은 공간에서는 불안감과 우울감을 느낄 수 있습니다.

토론토대학교 심리학과 교수 조던 피터슨(Jordan Peterson)은 『12가지 인생의 법칙』에서 고통으로 가득한 삶에서 살아 내려면 "세상을 탓하기 전에 네 방부터 정리하라"고 호통을 쳤습니다. 그는 방이 곧 자신의 마음 상태를 반영한다고 설명합니다. 작은 일처럼 보일지 몰라도 방 정리는 자기 삶을 책임지는 중요한 활동이라고 강조합니다. 남에게 책임을 미루지 않고 스스로 해결하는 과정이라고 말이지요. 이는 스트레스와 불안을 줄이고 삶의 질서를 세우는 일로, 궁극적으로 자기 삶을 더 잘 통제할 수 있게 해 줍니다.

숙제를 하려고 책상 앞에 앉은 아이가 공책을 찾겠다고 온 방을 뒤집어 놓는다면 어떨까요? 매번 쓰던 연필조차 어디에 있는지 몰라 십여 분을 두리번거리며 허비한다면, 정작 공부를 시작할 즈음에는 뇌가 이미 피곤해진 상태일 것입니다. 에너지를 공부가 아닌 준비 과정에서 다 써 버린 셈이지요. 평소 주변이 잘 정돈되어 있다면 이런 에너지 소비는 필요 없습니다. 질서 있는 공간에서는 불필요한 자극 없이 바로 숙제에 집중할 수 있습니다. 방 안의 작은 질서가 집중력과 정보 처리 능력을 높여 주고 삶의 체계를 만들어 줍니다.

집중력 단련을 위한 정리 습관 기르기

공부를 잘하는 학생들 중엔 정리 정돈을 잘하는 학생이 많습니다. ADHD 학생들과는 달리, 주변이 깔끔하고 책가방 속도 체계적으로 정리되어 있습니다. 정리 정돈은 단순한 행동이 아니라 논리적인 사고가 필요한 과정입니다. 정리를 잘 하려면 중요한 것과 중요하지 않은 것을 구분하고, 질서를 잡을 줄 알아야 해요. 자주 쓰는 물건은 언제든 손이 닿는 곳에 두고, 덜 쓰는 물건은 보이지 않는 곳에 차곡차곡 정리할 줄 알아야 합니다. 이러한 정리 능력은 노트 필기를 하거나 시간 계획을 세울 때에도 마찬가지로 필요합니다. 결국 정리 습관이 공부 집중력을 높이는 데도 큰 영향을 미친다고 할 수 있습니다.

아직 아이가 어리다고 생각해 부모님이 대신 정리를 했다면, 이제는 아이를 믿고 스스로 정리하도록 기회를 주세요. 사실 아이들은 어린이집에서부터 정리 정돈을 배우기 시작했습니다. 자기 식판을 스스로 챙기고, 가방을 제자리에 두는 것부터 시작하지요. 이렇게 작은 습관들이 하나둘 몸에 익으면 장난감 정리, 방 정리, 가방 정리 등도 스스로 거뜬히 해낼 수 있습니다.

먼저, 아침에 일어나자마자 아이가 침대를 정리하게 합니다. 사회경제학자인 랜달 벨(Randall Bell) 박사는 각 분야에서 성공한 사람 5,000여 명을 조사한 결과, 아침에 침대를 정리한 사람이 백만장자가 될 가능성이 206.5%가 높다고 밝혔습니다. 침대를 정리하는 작은 습관이 성취감을 주고 자신감을 북돋워 생산성 있는 하루를 시작하게 한다고 설명했습니다. 1분이면 충분합니다. 아침에 아이가 자기 이불을 가지런히 정리하며 뿌듯하게 하루를 시작하도록 습관을 길러 주세요.

매일 정해진 시간에 자기 방을 스스로 정리하게 합니다. 정리가 습관화되면 그날그날 정리할 게 그다지 많지 않습니다. 저녁 식사 후나 목욕하기 전에 정리 정돈할 시간을 마련하세요. 큰 물건부터 정리하고 작은 물건을 정리하게 합니다. 잉크가 잘 나오지 않는 펜이나 쓰지 않는 물건은 과감히 버리는 게 좋습니다. 쓴 물건을 항상 제자리에 두는 습관을 들이게 하고, 수납 상자 등을 활용하여 물건마다 자리를 정해 두면 훨씬 효율적입니다. 15분 정도로 빠르게 끝낼 수 있는 정리 시간을 만들어 보세요.

　공부하기 적합한 책상으로 정리합니다. 책상 위에는 불필요한 물건을 치우고, 시선이 분산되지 않도록 필요한 것만 놓도록 하세요. 장난감이나 인형 같은 놀잇감은 주위를 산만하게 하므로 책상에서 치웁니다. 공부와 관련 없는 물건들은 올려 두지 않으며, 불필요한 메모지도 붙이지 않습니다. 필기구와 책도 꼭 필요한 것만 두어 쾌적한 환경에서 집중할 수 있도록 합니다. 방 정리처럼 책상 정리도 짧은 시간 안에 끝내게 합니다.

　취침 전에는 책가방을 정리해 방문 앞에 두도록 합니다. 매일 책가방 속을 살펴 학교 숙제는 다 했는지, 필요한 준비물과 수행 평가 준비물을 잘 챙겼는지 스스로 확인하게 합니다. 시간이 지난 학습지나 가정 통신문은 쌓아 두지 말고 버리거나 파일에 정리하게 합니다. '내일 아침에 책가방 싸야지' 하며 미루지 않도록 합니다. 책가방 준비는 학교 수업에 집중하기 위한 기본이므로, 분주한 아침 시간에 급하게 챙기기보다는 전날 미리 준비하는 습관을 길러 주세요.

물리적인 공간 정리뿐만 아니라, 수업에서 배운 내용을 정리하는 습관도 중요합니다. 초등학교 3학년 정도가 되면 배움 공책을 활용할 수 있습니다. 배움 공책은 수업 시간에 배운 내용을 요약하고 정리하는 데 사용됩니다. 선생님에 따라 활용 여부가 다를 수 있지만, 시중에서 파는 배움 공책을 활용해 아이가 공책 정리를 시작하도록 도와주세요.

학교 시간표에 따라 그날 배운 내용을 요약하거나 핵심 내용을 정리하는 것이 좋습니다. 예를 들면, 국어에서는 지문을 요약하거나 중요한 어휘의 뜻을 정리합니다. 수학에서는 개념과 원리, 법칙 등을 옮겨 적습니다. 사회나 과학에서는 교과서에 나온 개념 설명과 모르는 어휘를 정리하면 유용합니다. 배운 내용을 차분히 정리하면 복습도 되고 학습 내용을 더 오래 기억할 수 있습니다.

우리 아이 집중력 단련하기 - 환경 2	
솔루션 ⑪ 집중력 단련을 위한 정리 습관 기르기	
0	정리 정돈 습관 들이기
1	아침에 침대 정리하기
2	스스로 방 정리하기
3	공부에 적합한 책상으로 정리하기
4	취침 전에 책가방 정리하기
5	공책에 배운 내용 정리하기

방 정리나 책상 정리가 별것 아닌 일처럼 느껴질 수 있지만, 사실 이는 매우 중요한 활동입니다. 물리적 공간을 정리하는 뇌와 생각을 정리하는 뇌는 같은 방식으로 작동하기 때문입니다. 자기 방과 책상을 정리 정돈하고, 배운 내용을 체계적으로 정리하는 것은 정보를 정리하는 방법을 배우는 과정입니다. 아이들은 매일 많은 정보를 접하는데, 그중 중요한 정보를 골라내고 정리하는 능력을 방 정리 같은 작은 습관에서부터 익힐 수 있습니다.

바로 써먹는 일주일 집중력 단련 워크시트

☑ 환경 2. 집중력 단련을 위한 정리 습관 기르기

		월	화	수	목	금	토	일
0	정리 정돈 습관 들이기	일주일 동안 침대, 방, 책상, 책가방 등 정리 정돈을 잘 했는지 총평을 남긴다.						
1	아침에 침대 정리하기	아침에 일어나자마자 침구를 깔끔하게 정리했는지 체크한다.						
		○ X	○ X	○ X	○ X	○ X	○ X	○ X
2	스스로 방 정리 하기	스스로 방 정리를 깨끗하게 했는지 체크한다.						
		○ X	○ X	○ X	○ X	○ X	○ X	○ X
3	공부에 적합한 책상으로 정리하기	공부와 관련 없는 사물을 치우고 책상을 깨끗하게 정리했는지 체크한다.						
		○ X	○ X	○ X	○ X	○ X	○ X	○ X
4	취침 전에 책가방 정리하기	다음 날 학교 공부를 위한 준비물을 잘 챙겨 책가방을 정리했는지 체크한다.						
		○ X	○ X	○ X	○ X	○ X	○ X	○ X
5	공책에 배운 내용 정리하기	배움 공책이나 문제 풀이 등 필기가 필요한 경우 체계적으로 공책을 정리했는지 점검한다.						
		잘함/보통/부족	잘함/보통/부족	잘함/보통/부족	잘함/보통/부족	잘함/보통/부족	잘함/보통/부족	잘함/보통/부족

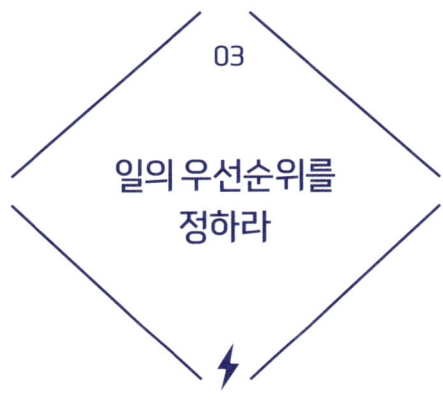

일의 우선순위가 하루의 생산성을 높인다

성공한 사람들의 공통된 습관 중 하나는 바로 '중요한 것을 먼저 한다'는 점입니다. 덜 중요한 일에 시간을 빼앗기지 않고, 진짜 중요한 일을 우선적이고 체계적으로 처리하는 습관입니다. 순간적인 욕구나 충동에 따라 행동하기보다는 기준을 세워 가장 중요한 일에 먼저 집중합니다. 흥미롭지만 중요하지 않은 일은 과감히 뒤로 미뤄 일과를 효율적으로 관리합니다.

아이들은 하루 동안 학교 수업은 물론, 학원, 숙제, 놀이, 식사 등 다양한 일을 해냅니다. 하지만 우선순위 없이 즉흥적으로 일을 처리하다 보면 중요한 일을 미루거나 놓치는 경우가 생깁니다. 이때, 하루 일과를 우선순위에 따라 정리하고 순서대로 진행하면, 집중해야 할 일을 더욱 효과적으로 해낼 수 있습니다. 어떤 일이 더 중요한지 판단하고 하루를 계획하는 습관은 다음과 같은 효과를 가져옵니다.

첫째, 효율적인 시간 관리를 할 수 있습니다. 중요한 일을 우선적으로 처리함으로써 가장 중요한 작업에 집중할 수 있습니다. 이렇게 하면 생산성이 높아지고, 에너지를 적절하게 사용할 수 있어요. 불필요한 시간 낭비를 줄이며 하루를 여유롭게 보낼 수 있습니다.

둘째, 불안감이 줄어듭니다. 해야 할 일을 하지 못해서 후회해 본 적이 있을 거예요. 하루를 계획하고 무엇부터 해야 할지 정하면 정신적으로 불안감이 줄어듭니다. '어떤 일부터 해야 하지?'라며 우왕좌왕하지 않으니 혼란스럽지 않고 스트레스도 감소합니다.

셋째, 성취감과 자존감이 높아집니다. 계획하고 실천하는 과정은 목표를 세우고 달성하는 과정입니다. 하루를 계획하고 그것을 차질 없이 완료했을 때 성취감을 느낍니다. '나는 해냈어!'라는 작은 성공이 쌓이며 자존감이 높아지지요. 이러한 긍정적인 경험은 아이들을 다시 노력하게 만들고, 결국 좋은 결과를 이끌어 냅니다.

넷째, 성장의 동력이 됩니다. 일의 우선순위를 정해 실천하면 장기적인 목표와 단기적인 목표를 연결할 수 있어요. 매일 단기적인 목표를 세우고 이를 달성하면, 장기적인 목표를 향해 나아갈 수 있는 동기 부여가 됩니다. 꾸준히 실천하면 결국 장기적인 목표를 이룰 수 있습니다.

우선순위에 따라 하루를 관리하면 오늘 하루를 넘어 한 달, 일 년, 나아가 인생의 목표 달성에도 큰 도움이 됩니다. 인터넷 서핑, 틱톡 보기, SNS DM 보내기 등 덜 중요한 일이 하루를 차지하면, 중요한 일은 뒷전으로 밀려서 늘 시간에 쫓기는 상황이 됩니다. 공부 잘하는 사람, 일 잘하는 사람, 성공하는 사람은 중요한 일에 집중한다는 사실을 잊지 마세요. 중요한 일부터 처리하는 습관을 들이면 하루를 체계적으로 보내고 시간을 효율적으로 관리할 수 있습니다. 이를 통해 성취감을 얻고 성장을 거듭할 수 있지요.

집중력 단련을 위한 일의 우선순위 정하기

각 가정마다 중요하게 여기는 가치는 다를 수 있습니다. 어떤 가정은 공부를, 어떤 가정은 종교 생활이나 예체능 활동을 더 중요하게 여길 수 있습니다. 하지만 학교 생활이 아이에게 큰 영향을 미치고 공부가 중요한 부분을 차지하는 만큼 아이가 공부를 우선순위에 두도록 지도해야 합니다. 아이에게 공부가 왜 중요한지, 그리고 학교에서 어떤 일을 왜 반드시 해야 하는지 이해시키는 것이 중요합니다.

일의 우선순위를 정하는 기본 원칙은 중요한 일을 먼저 하는 것입니다. 하루 동안 해야 할 일들을 파악하고, 중요한 일과 그렇지 않은 일은 구분해야 합니다. 중요한 일을 먼저 처리하면 마음의 여유가 생기고, 여가 시간을 편안하게 보낼 수 있습니다.

제일 먼저 할 일은 목표를 정하는 것입니다. 실현 가능한 명확한 목표가 있는 경우 구체적인 일정을 계획할 수 있습니다. 큰 목표를 먼저 세운 뒤, 이를 이루기 위한 작은 목표를 어떻게 정할지 구체적으로 생각해 봅니다. 예를 들어, '12주 안에 수학 문제집 한 권 끝내기'라는 큰 목표를 세웠다면, 하루에 몇 쪽을 풀어야 하는지 나누어 생각할 수 있습니다. 그러면 '하루 4쪽 풀기'와 같은 작은 목표를 설정할 수 있습니다.

목표를 설정했다면 이제 해야 할 일의 우선순위를 정해 보세요. 여러 가지 일 중에서 빨리 끝내야 하는 것이 있고 천천히 해도 되는 일이 있습니다. 반드시 해야 하는 일과 그렇지 않은 일이 존재하지요. 이 과정에서는 아이젠하워 매트릭스를 활용해 일의 우선순위를 나눌 수 있습니다. 다음의 표를 참고해 보세요.

☑ 아이젠하워 매트릭스를 활용한 일의 우선순위 예시

	긴급함	긴급하지 않음
중요함	1 중요하고 급한 일 (내일까지 해야 하는 숙제, 시험 공부, 수행 평가)	2 중요하지만 급하지 않은 일 (예습, 복습, 악기 배우기, 휴식, 독서, 운동)
중요하지 않음	3 급하지만 중요하지 않은 일 (메시지 확인, 갑작스러운 친구 약속)	4 중요하지도 급하지도 않은 일 (수다, 인터넷 서핑, 늦잠)

위의 표에 따르면 가장 중요하고 급한 일은 '내일까지 해야 하는 숙제'입

니다. 갑작스러운 친구 약속이나 인터넷 서핑으로 시간을 허비하지 않고 숙제를 가장 먼저 끝내야 합니다. 하루 일과표에서 숙제를 우선순위에 두고, 반드시 마칠 수 있도록 시간을 계획합니다.

일의 우선순위를 정했다면 '투두리스트(To-Do List)'나 플래너를 사용해 하루를 계획하고 실천합니다. 투두리스트에는 꼭 해야 할 일들을 적고, 하나씩 완료할 때마다 체크합니다. 아이가 스스로 그날의 실천 사항을 기록하면 자연스럽게 책임감을 기르고, 목표를 달성했을 때 성취감을 느낄 수 있습니다. 투두리스트에 익숙해지면, 시간을 나누어 더 구체적으로 계획할 수 있는 플래너를 활용할 수 있게 됩니다.

계획대로 일과를 보냈다면, 피드백을 통해 하루를 돌아보는 시간을 가지세요. 그날의 계획과 실천을 돌아보며 잘한 점과 아쉬운 점을 점검합니다. 목표 달성에 어려움이 있었다면 계획을 수정할 수도 있어야 합니다. 예를 들어, '수학 문제집 4쪽 풀기'가 예상보다 시간이 오래 걸렸다면, 할 일의 양을 줄여 다른 시급한 활동에 영향을 주지 않도록 조정할 수 있습니다.

우리 아이 집중력 단련하기 – 환경 3	
솔루션 ⑫ 집중력 단련을 위한 일의 우선순위 정하기	
0	중요한 일부터 하기
1	큰 목표 설정하기
2	작은 목표 설정하기
3	일의 긴급성과 중요도 평가하기
4	투두리스트 또는 플래너 활용하기
5	스스로 돌아보는 시간 가지기

일의 우선순위를 정한 후, 앞서 추천한 포모도로 같은 시간 관리 기법(일정 시간 집중과 휴식을 반복하는 기법)을 활용하면 중요한 일에 집중하고 시간을 효율적으로 사용할 수 있습니다. 학교 시간표처럼 시간별로 해야 할 일을 정해 두는 것도 좋습니다. 해야 할 일이 시간에 맞춰 배정되어 있기에 스트레스 받을 일이 줄어들지요. 또한 하루가 어떻게 굴러갈지 예측이 되어 안정적으로 과제에 집중할 수 있습니다.

물론 처음부터 아이가 일의 우선순위를 지키며 계획대로 실천하기는 어렵습니다. 하지만 반복하다 보면 점점 익숙해지고, 상황에 따라 유연하게 대처하며 스스로 하루를 잘 관리할 수 있게 됩니다. 시간을 스스로 관리하는 법을 배우면 하루를 알차게 보내고, 시간을 잘 활용할 수 있게 됩니다.

> 바로 써먹는 일주일 집중력 단련 워크시트

☑ 환경 3. 집중력 단련을 위한 일의 우선순위 정하기

		월	화	수	목	금	토	일
0	중요한 일부터 하기	일주일 동안 계획을 세워 중요한 일(공부)을 했는지 점검한다.						
		잘함/보통/부족	잘함/보통/부족	잘함/보통/부족	잘함/보통/부족	잘함/보통/부족	잘함/보통/부족	잘함/보통/부족
1	큰 목표 설정하기	이루고 싶은 큰 목표를 설정한다. (예 : 책 30권 읽기, 줄넘기 대회 나가기 등)						
2	작은 목표 설정하기	큰 목표를 위해 매일 달성해야 할 작은 목표를 나누어 적는다.						
3	일의 긴급성과 중요도 평가하기	아이젠하워 메트릭스를 이용하여 일주일 일과 중 일의 중요성과 긴급성을 판단한다.						

	긴급함	긴급하지 않음
중요함	1 중요하고 급한 일 (내일까지 해야 하는 숙제, 시험공부, 수행 평가)	2 중요하지만 급하지 않은 일 (예습, 복습, 악기 배우기, 휴식, 독서, 운동)
중요하지 않음	3 급하지만 중요하지 않은 일 (메시지 확인, 갑작스러운 친구 약속)	4 중요하지도 급하지도 않은 일 (수다, 인터넷 서핑, 늦잠)

4	투두리스트 또는 플래너 활용하기	일주일 동안 목표를 달성하기 위해 꼭 해야 할 일을 적는다.						
5	스스로 돌아보는 시간 가지기	일주일 동안 실천 후 스스로 잘한 점과 아쉬운 점을 적는다.							
		잘한 점 :				아쉬운 점 :			

☑ PART 2 핵심 정리

몸	마음	머리	환경
• 충분한 수면 • 적절한 운동 • 건강한 식사	• 자기 파악 • 자기 탐색 • 마음 관리	• 독서 • 도전 • 자제	• 디지털 기기 조절 • 주변의 정리 정돈 • 계획성 있는 일과

전문의 상담실 3

⚡ **이야기책이 집중력에 좋다지만, 아이는 학습 만화나 교양서를 더 좋아해요. 이런 책들도 많이 읽으면 집중력이 좋아질까요? 집중력을 키우는 독서는 어떻게 다를까요?**

이야기책이 집중력에 도움이 되는 것은 줄거리를 따라가면서 다음 이야기가 궁금해지기 때문이랍니다. 즉, '이다음에 어떻게 되는 거지?' 하는 흥미와 궁금함이 집중력을 끌어올리는 셈이죠. 더불어서 이야기책에는 영상과 같은 시각적 자극이 없으므로 아이들은 머릿속으로 이런저런 이미지를 상상합니다. 그 과정에서 집중력 외에도 뇌의 다양한 기능들이 한껏 발휘되지요. 예를 들어, '하얀 날개를 가진 천사가 웃으면서 서 있었어요' 같은 문장을 읽을 때, 아이들이 머릿속에 떠올리는 그림은 저마다 다 달라요. 영상에서는 '하얀 날개를 가진 천사는 이렇게 생겼어' 하면서 답을 딱 보여 주기 때문에 두뇌 활용이 아무래도 떨어지죠.

그런데 사람마다 관심 있는 분야는 다 다르잖아요. 엄마는 집중력 향상에 좋다는 이야기책을 권하지만, 아빠는 역사에 대한 책을 권할 수도 있고요, 선생님은 교과 과정에 도움이 될 교양서를 추천할 수도 있어요. 정작 아이는 학습 만화에 푹 빠져 있을 수도 있는데요. 저는 책의 종류와 상관없이 아이가 조금이라도 흥미를 갖는 책은 어떤 것이라도 좋으니 실컷 읽는 게 좋다고 생각합니다. 무엇이든지 흥미 있어 하는 일을 지속적으로 하는 과정에서 집중력은 자라기 때문이지요.

이를 더 쉽게 이해하기 위해 근력 키우기를 생각해 보면 좋겠습니다. 근력을 키우려면 무슨 운동이 제일 좋을까요? 네, 제일 좋은 운동은 내가 즐겨 하는 운동입니다. 기구를 가지고 하는 운동이 제아무리 근력에 도움이 된다 해도, 기구만 봐도 머리가 지끈지끈해지는 사람에겐 도움이 될 리 없겠죠. 무슨 운동이 되었든, 아주 작은 흥미라도 느끼는 운동을 꾸준히 하다 보면 근력이 커지고 건강도 좋아집니다.

집중력을 키우는 독서도 마찬가지입니다. 아이가 조금이라도 관심을 가지고 표지라도 한번 들춰 보는 책을 고르는 게 시작입니다. 그러다 보면 목차도 살펴보게 되고, 뒤로 휘리릭 넘겨 가며 훑어보다가, 눈길을 끄는 문장에서 책 읽는 맛을 느끼기 시작할 수 있습니다. 그리고 '조금씩＋꾸준히'의 조합이 가진 힘은 엄청납니다. 이야기책뿐만 아니라 무슨 책을 읽든 한 장씩 읽는 동안 재미와 성취감을 느끼면서 아이의 집중력은 무럭무럭 자라날 것입니다.

하나 더 말씀드린다면, 집중력 향상을 목표로 무엇을 하기보다는 "내가 좋아하는 학습 만화 시리즈를 다 훑었다!" 또는 "엄마 아빠도 잘 모르는 교양서 속 내용을 내가 알게 됐어!"처럼 성취감을 느끼게 하는 목표를 세우면 좋겠습니다. 그런 목표가 더 구체적이고, 아이들에게 조금 더 힘을 낼 수 있게 도와주기 때문입니다.

> ⚡ **스마트폰 사용을 줄이게 하면 아이의 반발이 심해요. 아이가 주도적으로 조절할 수 있도록 돕는 현실적인 방법이 있을까요?**

스마트폰 사용을 조절하는 건 참으로 쉽지 않습니다. 아이가 주도적으로 조절할 수 있게 돕는 확실한 방법이 있다면 정말 좋겠지요. 그런데 정답은 없기에, 우리는 이것도 해 보고 저것도 해 보는 전략을 써야 합니다.

그 전에 먼저, 아이들의 스마트폰 사용을 바라보는 부모님의 마음부터 한번 점검해 보세요. 아이들이 스마트폰을 만지작거리는 걸 보기만 해도 혈압이 오르고 스트레스를 받는 분들이 있어요. 그럴 때 이렇게 한번 생각해 보세요. "아이가 지금 들여다보는 게 스마트폰이 아니라 장난감이나, 인형, 야구 방망이여도 이렇게 화가 날까?" 만일 아이가 좋아하는 아이돌의 포토 카드를 한 시간째 들여다보고 있다면, 부모님의 기분이 썩 좋지 않을진 몰라도 불같이 화가 나진 않을 것입니다. 스마트폰을 사용하는 아이를 볼 때 '만약 다른 걸 사용하고 있다면?' 하고 생각해 보세요. 폭발하는 감정을 추스르는 데 큰 도움이 될 것입니다.

이제 아이가 주도적으로 스마트폰 사용을 조절하는 문제로 돌아가 보죠. 처음 아이에게 스마트폰을 사 주기 전에 규칙을 만들어 본 분들이 많을 것입니다. 아이들이 그 규칙을 스스로 잘 지키길 기대하기는 어렵지요. 그럼에도 규칙은 세워야 합니다.

먼저, 스마트폰 사용을 왜 조절해야 하는지 이야기하고, 사용 시간을 정하세요. 부모님이 밑도 끝도 없이 '30분만 사용!' 같은 규칙을 내민다면 아이의 반발을 살 뿐만 아니라 제대로 지켜질 리가 없습니다. 스마트폰 사용을 조절해야 할 이유와 목표는 뭐가 되어도 좋지만, 아이와 부모님이 같이 이야기해서 정해야 합니다. 눈 건강을 지키기 위해, 시간을 허투루 사용하지 않기 위해, 가족과 이야기를 나누며 식사하기 위해 스마트폰 사용을 제한하는 것이 좋다고 이야기하는 것이죠.

규칙은 구체적이고 명확하게 세웁니다. 그리고 이 규칙이 깨졌을 때, 부모님이 일방적으로 실망하고 화내는 건 좋지 않아요. 규칙은 깨지기 마련이고, 오히려 이를 기회로 삼아 아이와 서로 협상하고 타협하면서 서로 맞춰 가는 법을 가르칠 수 있습니다. 그 과정을 통해 아이들은 스마트폰만이 아니라 다른 욕구들도 스스로 조절하는 법을 배울 수 있지요.

아이들이 단번에 스마트폰 사용을 주도적으로 조절하리라 바랄 수는 없습니다. 어른인 우리들도 잘 못 하는 것이 있고, 힘들어서 넘어지더라도 다시 일어납니다. 이처럼 아이들도 도전했다가도 실패하고, 방법을 고쳐 다시 시도하고, 그러다 또 실패하고, 때로 성공하기도 하지요. 아이들이 노력하는 과정에서 성취감도 느끼며 자기 조절력을 점차 길러 가는 과정을 응원하고 기다리고 격려해 주세요.

PART

03

부모가 아이의
집중력을 결정한다

'스마트폰 의존, 자녀에게 대물림된다. 중독 부모 둔 자녀 78%도 중독'

- 2024. 7. 28. 「연합뉴스」

아이는 부모의 등을 보고 자란다는 말이 있습니다. 아이는 부모가 하는 행동 하나하나를 따라 하고 습관까지 닮아 가지요. 스마트폰 사용 습관도 예외는 아닙니다. 최근 연구에서는 부모의 스마트폰 중독이 자녀에게도 영향을 미친다는 사실이 확인되었습니다.

「부모의 스마트폰 의존도와 자녀의 스마트폰 의존도의 전이 관계」(김소연 외)라는 논문에서는 초등학교 6학년 어린이와 부모의 스마트폰 사용 상관관계를 조사했습니다. 조사 결과, 부모가 스마트폰 고의존형일 경우, 자녀도 고의존형이 될 확률이 78.6%에 달했습니다. 부모가 저의존형인 경우, 자녀가 고의존형이 될 확률은 7.6%로 매우 낮았고, 부모가 저의존형일 때 자녀는 54.4%가 저의존형, 37.9%는 평균형으로 나타났습니다.

더불어 이 연구에서는 부모와의 관계가 자녀의 스마트폰 의존도에 큰 영향을 미친다고 밝혔습니다. 부모가 자녀와 긍정적으로 소통할수록 스마트폰 의존도는 낮아졌습니다. 반대로, 부모가 부정적인 태도를 보이거나 정서적 지지를 해 주지 않으면, 자녀는 스트레스를 해소하려고 스마트폰에 더 의존하는 경향을 보였습니다.

부모의 스마트폰 사용 습관은 아이의 스마트폰 의존도에 절대적인 영향을 미칩니다. "핸드폰 좀 그만 봐! 넌 스마트폰 중독이야!"라고 꾸짖기 전에,

부모부터 자신의 사용 습관을 돌아봐야 합니다. 논문의 말미에 '가족과 함께 보내는 시간과 활동을 늘리면 자녀의 스마트폰 의존도를 낮출 수 있다'는 충고는 부모의 양육 방식에 대해 중요한 시사점을 던지고 있습니다.

부모의 양육 태도는 자녀의 삶에 큰 영향을 미칩니다. 선천적인 지능이나 신체적 조건을 뛰어넘어, 아이의 인지 발달, 정서 안정, 성격 형성에 지대한 영향을 미치지요. 자녀를 양육할 때 애정을 충분히 주면서도, 필요할 때는 적절히 통제하는 균형 잡힌 태도가 중요합니다.

발달 심리학자 바움린드(Baumrind)는 부모가 자녀를 대할 때 통제와 애정을 얼마나 보이는지에 따라 자녀의 성격과 행동이 달라진다고 말하며, 이를 네 가지 양육 형태로 나누었습니다. 부모의 양육 태도는 아이의 자아 존중감, 사회성을 포함한 인격 형성에 큰 영향을 미칩니다. 다음의 네 가지 양육 태도를 살펴보고, 어떤 태도를 지향해야 할지 점검해 보세요. (「정신의학신문」, 2020. 8. 19. '어떤 부모가 좋은 부모일까?')

첫째, 권위 있는(Authoritative) 양육 태도입니다. 가장 바람직한 양육 방식입니다. 이 양육 태도는 높은 수준의 애정과 높은 수준의 통제를 일관되게 유지하는 것이 특징입니다. 권위 있는 부모는 자녀에게 합리적이고 명확한 규칙을 제시하며, 이를 지키도록 합니다. 평소에는 너그럽게 대하지만, 아이가 잘못된 행동을 할 때는 엄하게 대처합니다. 아이의 고집에 굴복하지 않고 규칙대로 행동하도록 합니다. 그러면서도 아이의 의견을 존중하고 사랑과 지지를 바탕에 두고 양육합니다. 이러한 부모는 대화를 중요시하며, 아이에게 차근차근 설명하면서 아이와 생각을 나눕니다. 또한 아이의 행동을 주의 깊게 관찰하고, 아이의 나이에 맞는 독립심과 자율성, 책임감을 키울 수 있도록 합니다. 권위 있는 부모 밑에서 자란 아이는 정서적으로 안정되어 있으며, 사회적으로도 잘 어울립니다. 자아 존중감과 독립심이 높으며 자기 통제력을 발휘합니다. 배우려는 의지가 강하고 성취 지향적입니다.

둘째, 권위주의적(Authoritarian) 양육 태도입니다. 이 양육 태도는 높은 통제력을 발휘하지만, 낮은 수준의 애정을 보입니다. 권위주의적 부모의 규칙은 매우 엄격합니다. 아이가 규칙을 어기거나 잘못된 행동을 하면 대화나 설득 대신 심한 처벌을 가합니다. 아이에게 복종을 강요하며, 아이의 의견이나 감정을 고려하지 않고, 함께 활동하거나 소통하려는 노력도 부족합니다. 아이는 권위주의적 부모를 두려워하며, 친구 관계에서 어려움을 겪는 경우가 많습니다. 자신의 감정을 잘 표현하지 못하고, 작은 일에도 쉽게 초조해지거나 우울감을 느끼며, 때로는 공격적인 성향을 보이기도 합니다.

셋째, 허용적(Permissive) 양육 태도입니다. 겉으로는 자상하고 천사 같은 부모처럼 보이지만, 통제력이 낮아 부모로서의 권위가 약한 상태입니다. 허용적인 부모는 아이와 지나치게 밀착되어 있으며, 아이가 겪는 어려움을 대신 해결하려 합니다. 아이의 요구를 과도하게 받아들이고, 가정 내 규칙이 불분명하며 아이의 의견에 따라 가정을 이끌어 갑니다. 아이의 나쁜 행동을 묵인하거나 눈감아 주는 경우가 많고, 아이의 성장에 대한 기대치도

낮습니다. 이러한 양육 방식은 아이가 자립심을 키울 기회를 빼앗습니다. 아이는 타인의 감정에 공감하기 어려워지며, 버릇없는 태도를 보일 수 있습니다. 사회적 규칙을 어기거나 제멋대로 행동하고, 학교에서는 학업 성취도가 낮으며, 때로는 반사회적인 행동을 보이기도 합니다.

넷째, 무관심한(Neglecting) 양육 태도입니다. 이 양육 태도는 애정과 통제 모두 낮은 수준을 보입니다. 무관심한 부모는 가정 내 규칙을 세우지 않고, 아이를 가르치려는 의지도 거의 없습니다. 아이의 요구를 최소한으로만 들어주거나 아예 무시합니다. 아이를 향한 긍정적인 기대도 없으며 무관심하게 대합니다. 이런 태도는 대체로 부모가 스트레스를 많이 받았거나, 우울한 상태에 있을 때 나타납니다. 부모의 사랑과 관심을 받지 못한 아이들은 정서적으로 불안하며, 사회에서 관계 형성에 어려움을 느낍니다. 자아존중감이 낮고, 무기력하거나 자신감 없는 모습을 보입니다.

☑ 바움린드의 4가지 양육 태도

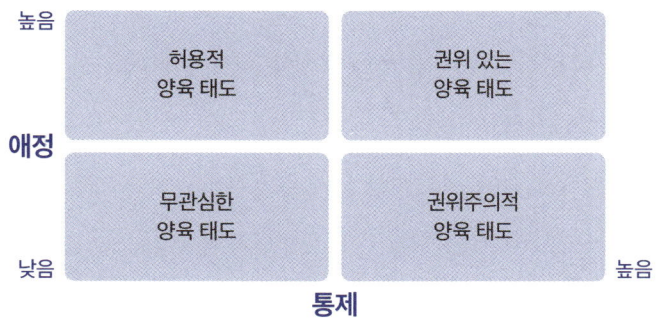

집중력이 높은 아이들의 공통점은 무엇일까요? 이들은 주변 환경에 쉽게 휘둘리지 않고, 해야 할 일에 몰입하는 능력을 갖추고 있습니다. 이 아이들 뒤에는 안정적인 애착 관계와 적절한 통제로 민주적인 양육 방식을 실천한 부모들이 있습니다. 잡념을 줄이고 자기 일에 몰입할 수 있는 토대를 부모가 다져 준 것입니다. 권위 있는 양육 태도를 실천하는 이 부모들은 세심한 눈으로 아이를 관찰하고, 아이의 기질과 발달 수준을 잘 이해하고 있습니다. 아이를 있는 그대로 받아들이면서도, 긍정적인 기대와 지지를 보냅니다. 또한, 이들은 식습관과 수면 습관 같은 일상생활의 작은 규칙부터 시작해 가족 간의 예의나 방 정리 등 기본적인 규칙을 지키도록 가르칩니다. 일관된 규칙으로 아이의 디지털 기기 사용도 엄격히 관리합니다.

과잉 간섭과 통제 속에서 자란 아이들은 마음이 위축되어 집중력을 발휘할 여력이 없습니다. 반대로 부모가 너무 허용적이라 제멋대로 자란 아이는 집중력의 중요성을 느끼지 못하지요. 또한, 부모의 무관심 속에서 자란 아이는 무기력하고, 현실보다 스마트폰 속 세상을 더 편하게 생각합니다. 아이의 집중력은 부모의 양육 태도에 달려 있다는 걸 기억하세요. 애정과 통제의 균형을 유지하는 '권위 있는 양육 태도'가 아이의 성장과 집중력을 키우는 데 가장 효과적입니다.

환경 서포트

잠재력이 폭발하도록 지원하라

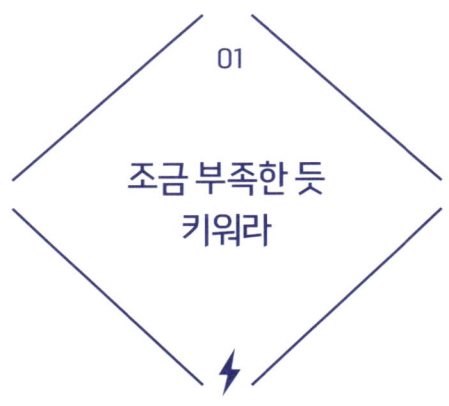

결핍이 성장의 동력이 된다

학교에서는 해마다 체육 대회를 합니다. 반 대항으로 축구, 피구, 줄다리기 등 다양한 스포츠 종목에서 경쟁하며, 우승한 학급에게 상금이 수여돼요. 학교마다 다르지만, 대체로 등수에 따라 10만 원이나 5만 원 정도를 받습니다. 중학교에서 담임을 맡았을 때, 아이들의 사기를 북돋우기 위해 "우리 반 꼭 1등 해서 상금 타자. 치킨 시켜 먹자!"라고 말했습니다. 아이들의 의욕이 불타기를 바랐던 것이지요. 하지만 "에이~ 그 돈으로 뭐 해요, 더워 죽겠는데 무슨 피구예요"라는 김빠지는 대답이 돌아왔습니다. 그렇습니다. 클릭 한 번이면 엄마가 치킨, 피자를 주문해 주는데, 힘들게 뙤약볕 아래에서 뛸 필요가 없습니다.

부족한 것 없이 풍요롭게 사는 요즘 아이들입니다. 과거처럼 가난 속에서도 목표를 이루기 위해 강한 의지를 태우는 '헝그리 정신'이라는 말을 이해하기 어려운 세대이지요. 물질적으로 풍족할 뿐만 아니라, 부모가 하나부터 열까지 세심하게 챙겨 주니 아이들은 굳이 스스로 나서서 힘든 일을 할 필요가 없게 된 것이죠.

부모는 사랑이라는 이름으로 아이에게 한없이 베풉니다. 아이가 먹고 싶은 것, 갖고 싶은 것이 있다면 어떤 요구든지 들어주려 합니다. 아이가 원하는 것은 무엇이든 허용하고, 부정적인 감정을 느끼지 않도록 애쓰지요. 좋은 것만 보고 경험하게 하고 싶다는 마음에서입니다. 그래서 아이 앞에 장애물이 나타나면 부모는 그것을 견디지 못합니다. 장애물을 피하게 하거나 아예 없애 주려 하지요. 심지어 아이가 스스로 해결할 수 있는 일마저도 부모가 나서서 소매를 걷어붙이고 대신 해결해 줍니다.

이런 환경에서 자란 아이는 부모에게 과도하게 의존합니다. 스스로 할 수 있는 일조차 주저하고, 자기 능력에 대한 확신이 없어 자신감이 떨어집니다. 자발적으로 선택하고 책임지는 데에도 서투릅니다. 부모가 알아서 다 해결해 주기 때문에 자기 능력을 키우려는 동기가 잘 생기지 않습니다.

아이를 사랑하기 때문에 주었던 관심과 지원이 오히려 아이의 성장을 방해하는 꼴이 되어 버립니다. 아이는 독립적인 존재로서 실패와 성공을 거듭하며 발전해야 하는데, 부모가 그 기회를 빼앗아 버리는 셈입니다. 결국 아이는 도전이 무엇인지, 자기 계발이 무엇인지 배우지 못한 채 부모의 그림자 속에 머물게 됩니다. 학교에서도 자신의 감정과 행동을 조절하기 어려워하고, 공부에도 의욕이 떨어집니다. 점점 더 약해지고, 결국 사회에 나갈 자신감마저 잃어버리게 됩니다.

세상에 단 하나뿐인 귀중한 아이입니다. 아이를 누구보다 사랑한다면, 오히려 조금 부족하게 키우세요. 비록 아직 어린 아기 같아 보일지라도, 아이는 발달 단계에 맞춰 스스로 성장해야 합니다. 부모의 지나친 관심과 보살핌으로 아이의 성장이 제자리걸음이 되지 말아야 합니다. 아이는 스스로 선택하고 자신의 문제를 해결할 수 있어야 합니다. 약간의 부족함을 느끼며 이를 채우기 위해 노력하는 과정에서 성장의 동기가 생기는 법입니다. 아이의 인생 목표는 부모가 아닌 아이 스스로 정해야 합니다.

조금 부족한 듯 키우기

혹시 '엄마가 알아서 해 줄게'라는 마음으로 아이의 옷을 대신 골라 주거나 준비물을 챙겨 주고 있지는 않으신가요? 또는 "엄마, 친구들은 게임을 무제한으로 한대요. 나만 못 해서 친구들 사이에 못 껴요. 나도 그렇게 하고 싶어요"라는 투정에 쿨하게 게임을 무제한으로 허락하고 있지는 않으신가요? 아이를 조금 더 편하고 풍족하게 해 주려는 부모의 배려가 오히려 아이의 성장에 걸림돌이 되지는 않는지 돌아봐야 합니다.

용돈을 부족함 없이 받는 한 학생이 있었습니다. 그 학생은 SNS에 고등학교 1학년 학생답지 않게 명품 핸드백과 명품 시계로 치장한 사진을 자주 올렸어요. 사고 싶은 게 있으면 부모님은 뭐든 다 사 주었다고 합니다. 경제적으로 여유가 있었으니 가능했겠지요. 그런데 그 학생은 수업 시간에 집중하지를 못했고, 공부에도 도통 흥미를 보이지 않았어요. 온종일 SNS를 들락거리며 '좋아요'를 누르는 데 시간을 보냈어요. 물론 공부가 인생의 전부는 아니지만, 학교생활에서 해야 할 책임과 의무조차 다하지 않는 모습이 안타깝게 느껴졌습니다.

아무리 경제적으로 넉넉하더라도 또래 아이들과 비슷한 수준으로 용돈을 주는 것이 현명합니다. 용돈을 통해 예산을 세우고 소비를 계획하는 과정은 공부를 계획하고 실천하거나 하루를 체계적으로 운영하는 것과 비슷합니다. 아이는 제한된 용돈을 스스로 관리하고 책임지는 법을 배워야 합니다. 용돈이 지나치게 많으면 부모에게 의존하는 경향이 커질 수 있어요. 이는 경제적 책임감을 기르기 어렵게 하고, 진로와 직업을 선택할 때에도 자립을 어렵게 합니다.

학원 선택도 신중하게 고민해야 합니다. 스스로 필요성을 느껴 학원에 다니는 아이와 부모의 권유로 마지못해 다니는 아이는 공부에 대한 동력부터 차이가 큽니다. 아이가 학원의 중요성을 스스로 깨달아야 학원 수업의 효과를 제대로 누릴 수 있습니다. 공부 의욕이 앞서서 자발적으로 학원을 선택한 아이가 부모에게 떠밀려 온 아이보다 집중력이 높은 것은 당연한 일입니다.

아이들은 실패와 좌절 속에서 성장합니다. 넘어지더라도 직접 경험하며 스스로 힘을 키워야 합니다. 중요한 준비물을 빠뜨려 곤란을 겪거나, 책상 정리를 하지 않아 문제집을 찾느라 한참을 끙끙대 보기도 해야 합니다. 그런 경험이 쌓이면 다음번에는 더 집중하고 스스로 잘 챙기게 됩니다. 아이가 스스로 할 수 있는 일에 부모는 한 걸음 뒤로 물러서서 지켜봐야 합니다. 실패를 성장의 기회로 삼을 수 있도록 지속적인 지지와 격려를 보내 주세요.

조금 부족한 듯 키우기		
1	아이가 원하는 건 무조건 들어준다. →	아이의 성장에 정말 도움이 되는 일인지 생각한다.
2	용돈은 시시때때로 넉넉히 준다. →	매월 일정 금액을 주어(예 : 학년 × 5천 원) 스스로 관리하게 한다.
3	부모가 원하는 학원에 보낸다. →	아이 스스로 의지를 가지고 학원을 선택하게 한다.
4	조금이라도 위험하면 못 하게 한다. →	넘어지더라도 직접 경험하게 한다.

부모의 적절한 관심과 제재가 아이를 성장하게 합니다. 부모는 아이가 해 달라는 대로 다 해 주는 사람이 아닙니다. 부모가 없으면 불안해서 아무 것도 못 하는 마마보이, 마마걸로 키워서는 안 되겠지요. 아이가 스스로 목표를 세우고 이루는 힘을 키우기 위해서는 부모의 지원이 지나치지 않아야 합니다. 아이가 정신적으로 건강하게 자라길 바란다면, 부모는 일부러라도 빈틈을 만들어 아이가 직접 경험하고 배울 수 있는 기회를 주어야 합니다.

규칙이 있어야 아이가 편안하다

가장 바람직한 부모는 '권위 있는 부모'(171쪽)입니다. 권위 있는 부모는 높은 애정과 높은 통제를 가진 것이 특징입니다. '통제'라고 하면 아이를 부모 마음대로 조종하려는 것처럼 느껴질 수도 있습니다. 하지만 민주적인 사회에서 법이 필요한 것처럼, 가정의 평화를 유지하려면 규칙을 통한 적절한 통제가 반드시 필요합니다.

가정 내 규칙은 부모가 아이를 훈육할 때 중요한 기준이 됩니다. 미성숙한 아이들의 잘못된 행동을 교정하고 올바른 방향으로 이끌어 주는 것은 부모의 책임입니다. 그러나 감정에 휘둘려 아이를 훈육한다면, 아이는 혼란스러워서 무엇이 옳고 그른지 배우기 어렵습니다. 잘못했을 때 규칙에 따라 훈육을 받는 과정에서 민주 시민으로서 필요한 자질을 갖추게 됩니다.

우리가 법이 정한 질서 안에서 안전하게 살아가듯이, 아이들은 가정 내 규칙 속에서 심리적 안정감을 느낍니다. 예를 들어, '집 안에서 물건 던지지 않기' '저녁 7시까지는 집에 돌아오기' 같은 규칙은 아이에게 신체적으로 안정감을 주지요. 디지털 기기 사용이나 의사소통 방법, 그리고 감정 표현에 관한 규칙은 정서적 안전을 보장해 줍니다.

아이들은 규칙 안에서 타인의 감정을 이해하고 행동을 조절하는 법을 배웁니다. 어른들과의 관계에서 어떻게 행동해야 하는지, 친구들과 어떻게 대화하고 잘 지낼 수 있는지 등 사회적 기술도 가정 내 규칙 안에서 익힐 수 있습니다. 규칙을 통해 자율성과 책임감을 익히고 바람직한 신념과 가치관을 형성할 수 있습니다.

그러면 가정 규칙은 어떻게 정해야 할까요? 규칙은 보편적이어야 합니다. 사회 질서를 유지하는 데 누구나 공감할 수 있는 규칙이어야 하지요. 초등학생에게 '하루 300개씩 영어 단어 외우기' 같은 규칙은 비현실적이고 통상적이지 않습니다. 대신 '밥은 앉아서 먹기' '외출 시 부모님께 꼭 허락 얻기' 같은 누구나 옳다고 인정할 수 있는 규칙이어야 합니다. 또한, 규칙은 아이가 바르게 행동하고 건강한 마음을 키울 수 있는 방향으로 정해야 합니다.

규칙을 어겼을 때는 벌칙을 줄 수 있습니다. 아이는 자신의 잘못된 행동으로 어떤 불이익이 생기는지 알아야 합니다. 이를 통해 잘못된 행동의 결과를 분명히 이해하고, 다음에는 올바른 선택을 할 수 있도록 지도해야 합니다. 하지만 정서적으로 아이에게 수치심을 주는 벌칙은 피해야 합니다. 아이가 충분히 받아들일 수 있는 합리적인 벌칙이어야 합니다. 미리 벌칙을 정해 두면 규칙을 어겼을 때 어떤 일이 생길지 알 수 있어, 아이가 스스로 더 조심하게 됩니다.

가정 규칙은 아이가 자라면서 유연하게 바꿔야 합니다. 예를 들어, 초등학교 때 7시였던 통금 시간은 중학교나 고등학교에 가면 더 늦출 수 있습니다. 디지털 기기 사용 규칙이나 다른 규칙들도 아이와 대화하며 새로운 규칙으로 조정할 수 있습니다.

미국 심리학 박사 벤 마틴(Ben Martin)은 심리학 온라인 잡지 「사이키센트럴(psychcentral.com)」에서, 현대 핵가족에서 규칙이 부족하면 아이들이 책임감이나 실천 의지를 기르기 어렵다고 지적했습니다. 그리고 가정 내 규칙이 아이의 자기 관리 능력, 사회성, 도덕성을 키우는 데 꼭 필요하다고 강조합니다.

아이의 인성 발달을 책임지는 곳은 전적으로 가정입니다. 아이는 가정에서 배운 교육을 바탕으로 성격과 가치관을 형성하며, 이는 아이의 인생 전반에 중요한 토대가 됩니다. 가정에서 규칙을 지키며 배운 가치와 생활 태도는 자연스럽게 사회 속에서도 발휘됩니다. 아이는 가정의 울타리 안에서 안정감을 느끼며 책임감, 인내심, 자율성, 자기 관리 능력을 배워야 합니다.

일관성 있는 규칙 고수하기

가정 내 규칙은 명확해야 합니다. 아이가 '왜 지켜야 하지?'라는 의문이 들면 규칙을 무시할 수도 있습니다. 규칙을 잘 지키게 하려면, 아이에게 규칙의 이유와 타당성을 충분히 설명해야 합니다. 아무 설명 없이 규칙을 강요하면 아이가 반발할 수 있습니다. 대화를 통해 아이가 규칙을 이해하고 지키고 싶다는 마음이 들도록 해야 합니다. 필요하다면 규칙을 바꿀 수도 있어야 합니다.

이렇게 정해진 규칙은 일관성 있게 적용해야 효과가 있습니다. 상황에 따라 규칙이 바뀌면 아이는 혼란스러워합니다. 부모의 기분이 좋을 때는 봐주고, 기분이 나쁠 때는 없던 규칙이 생긴다면, 아이는 부모를 신뢰하지 않게 됩니다. 결국 규칙 자체가 무의미해질 수 있지요. 따라서 꼭 지켜야 할 규칙은 일관되게 유지하고, 아이가 반드시 지키도록 지도해야 합니다. 예를 들어, 식사 시간에 스마트폰 사용을 금지하기로 했다면, 어떤 상황에서도 지키게 해야 합니다. 부모도 함께 동참해 규칙을 지키면 좋겠지요. 만약 외식 자리에서 아이가 심심해한다고 한 번 스마트폰을 허락하면, 그것이 두 번, 세 번으로 이어질 수 있습니다. 중요한 규칙은 단호하게 지키도록 하고, 예외를 두지 않아야 합니다.

아이가 가장 먼저 해야 할 일이 학교 숙제라면, 반드시 해야 한다는 규칙을 정하세요. '숙제는 해도 되고 안 해도 된다'는 식의 애매한 태도는 규칙이 아닙니다. 전날 숙제를 끝내는 습관을 들이면 공부 습관을 기르는 데도 도움이 됩니다. 산만한 아이일수록 공부에 대한 규칙을 정해 꾸준히 반복하는 것이 집중력을 키우는 데 도움이 됩니다. 물론 아이의 컨디션이나 건강 상태에 따라 규칙은 조정될 수 있지만, 특별한 상황이 아니라면 일관되게 규칙을 지키도록 합니다.

특히 안전과 위생에 관한 규칙은 더욱 엄격하게 적용해야 합니다. 예를 들어, '어떤 경우라도 폭력은 쓰지 않기' '횡단보도로 길 건너기' '외출 후 손 씻기' 같은 규칙은 반드시 지키도록 해야 합니다.

	일관성 있는 규칙 고수하기		
1	식사 시간에 스마트폰 금지 또는 허용한다.	→	식사 시간에는 스마트폰 사용을 금지한다.
2	숙제는 해도 되고 안 해도 된다.	→	숙제는 반드시 전날 마친다.
3	친구를 초대할 때는 어른 허락을 받아도 되고 안 받아도 된다.	→	어른이 없는 집에는 친구를 초대하지 않는다.
4	화나면 폭력을 쓸 수도 있다.	→	어떤 경우라도 폭력을 쓰면 안 된다.

규칙은 아이를 얽매기 위한 것이 아닙니다. 부모도 사람인지라 매번 일관되게 규칙을 고수하기가 어려운 게 당연합니다. 완벽할 수는 없을 거예요. 무엇보다 아이는 부모가 무서워서 규칙을 지키는 것이 아닌, 스스로 지키려는 마음가짐을 지녀야 합니다. '자기 전에는 꼭 양치하기' 같은 약속이

자연스럽게 습관으로 자리 잡듯이, 부모가 어떤 가치를 중요하게 생각하며 규칙을 정하느냐에 따라 아이의 생활 태도도 달라집니다. 규칙을 일관되게 적용하고, 그 이유를 아이가 이해할 수 있도록 설명한다면, 아이는 자율성과 책임감을 기르며 해야 할 일에 더 잘 집중할 수 있습니다.

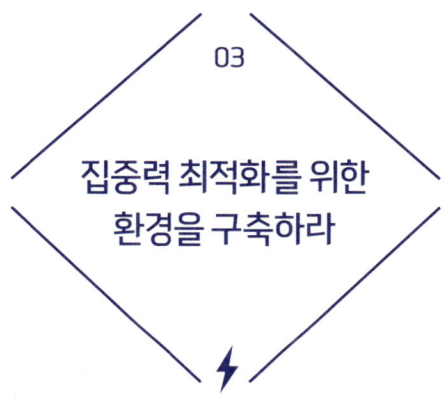

03 집중력 최적화를 위한 환경을 구축하라

집중할 수 있는 최적의 상태를 유지하라

학부모님들과 상담을 하다 보면, 아이가 공부할 때 부모님이 어떤 태도를 보이는지 알게 됩니다. 어떤 부모님은 TV나 스마트폰을 멀리하며 아이가 집중할 수 있도록 분위기를 만들어 준다고 해요. 또 어떤 부모님은 시험 기간에 밤늦게까지 함께 깨어 책을 읽으며 응원한다고 이야기합니다.

아이가 공부할 때 부모는 어떤 모습이어야 할까요? 아이 옆에서 감시하는 것보다는 혼자 공부하게 하는 편이 낫습니다. 부모가 공부방을 자주 들락날락하며 확인하려 들면 아이의 공부 의욕은 오히려 떨어집니다. 엄마가 잠도 자지 않고 함께 깨어 있으면 부담스러워하는 아이도 있을 테지요. 중요한 것은 아이 스스로 집중할 수 있는 환경과 시스템을 만들어 주는 것입니다. 부모가 애써서 방해 요소는 되지 말아야 합니다.

집은 휴식의 공간인 동시에 공부를 위한 독서실의 역할도 합니다. 아이가 자기 방에서 공부하려고 할 때, 거실에서 가족들이 TV를 보며 웃고 떠들면 아이의 집중력이 흐트러질 수 있습니다. '가족들은 다 쉬는데 왜 나만 공부해?'라는 억울한 마음이 들 수도 있어요. 아이가 공부에 집중하길 바란다면, 가족들도 불필요한 소음을 줄이고 조용한 환경을 만들어 주세요.

물리적 환경도 한번 점검해 보세요. 책상, 의자, 책장, 컴퓨터, 조명, 온도 등은 최적의 상태로 유지해야 합니다. 특히 시각적인 자극을 최소화하면 아이의 집중력이 더욱 높아집니다. 공부방은 차분하게 공부하고 싶은 마음이 들게 꾸며야 합니다. 예를 들어, 공부방에 개인 컴퓨터가 있다면 거실로 옮기는 것이 좋습니다. 이는 고양이에게 생선을 맡긴 격이기 때문입니다. 또한 아이의 키에 맞는 책상과 의자, 적절한 조명 등이 준비돼 있어야 하며, 책상 위에는 꼭 필요한 물건만 올려 둬야 합니다. 필기구는 잘 정리된 보관함에 넣고, 책상 서랍도 가지런히 정리해 필요한 물건을 바로 꺼낼 수 있게 하세요. 정리 정돈된 환경을 만드는 것만으로도 아이의 집중력을 크게 높일 수 있습니다.

집중력 최적화 환경 만들기

아이가 공부하는 공간에 대해 조금 더 자세히 설명하겠습니다.

아이의 책상은 문을 등지게 놓는 것보다 옆으로 배치하는 것이 좋습니다. 문이 뒤에 있으면 심리적으로 불안감을 느낄 수 있기 때문입니다. 창가 옆에 책상을 놓으면 자연광이 은은하게 들어와 학습 환경에 좋습니다. 다만, 창문을 정면으로 두면 시선이 자꾸 밖으로 향해 주의가 산만해질 수 있습니다. 또한 책상에 앉았을 때 침대가 보이지 않게 배치해야 합니다. 공부 중에 침대에 눕고 싶은 유혹을 줄일 수 있습니다.

의자는 책상 높이에 맞춰 선택합니다. 아이들은 계속 성장하므로 주기적으로 의자의 높이와 깊이를 점검하고 조정하세요. 의자는 등받이가 있는 것이 좋고, 너무 푹신한 것보다는 적당히 단단한 소재로 된 것이 공부 효율을 높여 줍니다. 또한, 바퀴 달린 의자보다는 학교에서 사용하는 고정된 다리의 의자가 더 안정적입니다.

수납의 기본은 불필요한 물건을 정리하는 것입니다. 아이가 보지 않는 책이나 장난감은 과감히 처분하세요. 정리할 때는 꼭 필요한 물건만 남기고, 장난감이나 게임기처럼 공부에 방해되는 물건은 보이지 않는 수납함에 보관합니다. 반면, 교과서나 참고서는 책상과 가까운 열린 공간에 정리하세요. 책상 위에는 너무 많은 책을 올려놓기보다, 지금 당장 필요한 책만 놓는 것이 집중력을 높이는 데 효과적입니다.

책장의 배치도 중요합니다. 방 안에 책장을 둘 때는 아이의 키보다 높은 책장은 피하세요. 높은 책장은 공간을 답답하게 만들고 불편함을 줄 수 있습니다. 아이의 키보다 낮은 책장을 두는 것이 좋으며, 자주 보는 책은 손이 잘 닿는 곳에, 자주 보지 않는 책은 맨 위나 아래쪽에 배치하세요.

책상 조명에도 신경 써야 합니다. 아이가 의자에 앉았을 때 그림자가 생기지 않도록 조명 위치를 조정하세요. 낮에는 자연광을 활용하고, 밤에는 눈의 부담을 줄일 수 있도록 빛 조절이 가능한 스탠드를 사용하는 것이 좋습니다. 또한, 책상 위에 빛을 반사하는 물건을 두면 눈이 피로해질 수 있으므로 피해야 합니다. 일반적으로 공부방의 전체 조명은 300럭스 이상, 책상 위 스탠드는 500~700럭스가 적당합니다.

공부방의 적정 온도는 여름철에는 24도에서 26도 사이, 겨울철에는 20도에서 24도 사이입니다. 22도일 때 학습 능률이 가장 높다는 연구 결과도 참고하세요. 더운 날일수록 집중력이 떨어지기 쉬우니, 살짝 서늘한 환경이 좋습니다. 습도는 60% 정도를 유지하세요. 습도가 높으면 불쾌지수가 올라가 신경이 예민해질 수 있으므로, 계절에 따라 제습기나 가습기를 활용해 조절하세요. 또한, 신선한 공기를 유지하기 위한 주기적인 환기도 필수입니다.

집중력 향상을 위해 공기를 정화하고 습도를 조절할 수 있는 식물을 두는 것도 좋습니다. 로즈메리, 애플민트, 스파티필름, 아이비, 산세베리아처럼 키우기 쉬운 식물을 선택해서 길러 보세요. 식물은 공기를 깨끗하게 하고, 아이의 스트레스를 줄이며 정서에도 긍정적인 영향을 줍니다.

	집중력 최적화 환경 만들기		
1	TV를 보며 웃고 떠드는 부모	→	조용한 환경을 만들어 주는 부모
2	공부방 안에 있는 컴퓨터	→	컴퓨터는 거실로 이동
3	침대나 창문 밖이 보이는 책상 위치	→	침대나 창문 밖이 보이지 않는 책상 위치
4	푹신한 책상 의자/바퀴 달린 의자	→	단단한 책상 의자/고정된 의자
5	아이의 키보다 높은 책장	→	아이의 키보다 낮은 책장
6	책상 위에 그림자를 드리우는 조명 위치	→	책상 위에 그림자를 드리우지 않는 조명 위치

아이의 집중력을 높이려면 편안하고 방해 요소가 없는 환경을 만드세요. 공부방의 가구 배치나 무심코 낸 소음이 오히려 집중을 흐트러트릴 수도 있습니다. 독서실보다 더 집중이 잘되는 공간을 만들어 보세요. 아이가 공부할 때 책을 읽는 모습을 보여 주는 것도 좋습니다. 아이는 보는 대로 따라 하는 법이니 부모가 집중력의 모범을 보여 주세요.

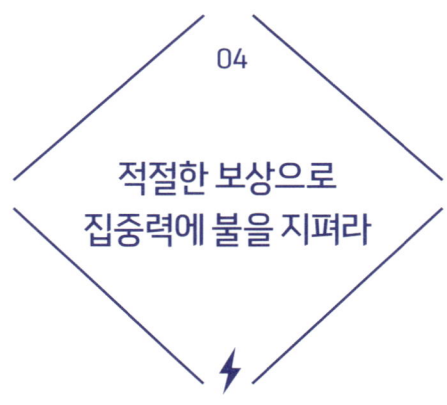

04 적절한 보상으로 집중력에 불을 지펴라

보상이 집중력으로 이어진다

고도의 집중력은 스스로 하고 싶다는 마음, 즉 내재적 동기에서 나옵니다. 아이가 학습에서 성취감이나 즐거움을 느끼면 도파민이 분비되어, 집중력과 기억력이 높아지고 끈기도 강해집니다. 이럴 때 아이는 칭찬을 바라기보다 스스로 만족하며 동기를 얻습니다. 하지만 아이들이 항상 이 내재적 동기를 갖기는 어려워요. '엄마가 하라고 해서' '선생님이 시켜서'처럼 외부적 이유로 억지로 집중하려고 할 때가 많지요.

과제 자체에서 흥미를 느끼는 것이 아니라 외부의 영향을 받아 동기가 생기는 것을 외재적 동기라고 합니다. "이번 시험에서 좋은 성적을 받으면 스마트폰을 사 줄게" "이 책을 읽으면 게임 하게 해 줄게"라는 조건 때문에 아이가 공부하거나 책을 읽는다면, 이는 외재적 동기에 의한 행동입니다. 결과에 따라 외적인 보상을 받기 위해 노력하는 것이지요. 마치 어른들이 월급을 받기 위해 매일 쳇바퀴 도는 듯한 지루한 회사 생활을 지속하는 것과 비슷합니다.

내재적 동기를 키우는 것이 집중력을 높이는 가장 확실한 방법이지만, 공부의 즐거움이나 필요성을 하루아침에 깨닫기는 어렵습니다. 특히 이제 막 공부를 시작하는 초등 저학년 아이들은 더욱 그렇지요. 아이가 스스로 내재적 동기를 갖기를 마냥 기다릴 수도 없어요. 이런 경우, 보상을 활용한 외재적 동기는 아이의 행동 습관을 형성하고 바람직한 행동을 유도하는 데 효과적인 방법이 될 수 있습니다.

학교에서는 외재적 동기를 유발하기 위해 다양한 방법을 활용합니다. 칭찬 스티커가 대표적입니다. 아이들은 학습지를 다 풀면 스티커를 받고, 더 많이 받으려고 친구들과 경쟁하며 노력합니다. 이 과정에서 아이들은 적극적으로 참여하고 행동이 강화됩니다. 처음에는 스티커라는 보상 때문에 열심히 했더라도, 과제를 수행하며 느낀 성취감 때문에 점점 과제에 집중합니다. 즉, 외재적 동기로 시작한 행동이 점차 내재적 동기로 발전합니다.

아이의 집중력 향상에 좋은 습관을 들이고 싶다면, 외재적 보상을 적절하게 활용해 보세요. 하지만 외재적 동기는 내재적 동기를 높이는 일시적인 수단으로만 사용해야 합니다. 외재적 동기만으로는 아이를 움직이게 할 수 없다는 걸 기억하세요. 외부 보상이 사라지더라도 아이가 행동을 계속 이어 갈 수 있도록 하는 것이 중요합니다.

적절한 보상은 아이에게 성취감을 주고 긍정적인 자아상을 형성하게 합니다. 자신의 노력이 인정받았다고 느끼면 자신감이 높아지고, 올바른 행동이 강화되며 바람직한 습관이 형성됩니다. 또한, 과제에 대한 열정이 높아지며 자연스럽게 집중력도 좋아집니다. 이처럼 보상을 적절히 활용한다면 아이의 성장을 촉진할 수 있습니다.

적절한 보상 활용하기

보상 시스템을 마련할 때에는 신중해야 합니다. 아이의 성격과 관심사를 고려해 적합한 과제를 선정하고, 아이에게 맞는지 따져 보아야 합니다. 보상하고자 하는 활동, 보상의 종류, 활동 기간 등을 명확히 정해야 합니다.

외재적 동기에는 벌과 보상이 있습니다. '시험 문제 하나 틀릴 때마다 한 대씩 맞기' 같은 구시대적인 방식은 벌에 의존한 동기 부여입니다. '수학 문제집을 풀지 않으면 게임 금지'처럼 좋아하는 활동을 제한하는 것도 벌에 해당합니다. 과거에는 학교에 상점제와 함께 벌점제가 있었는데, 요즘은 벌점제가 없어졌습니다. 벌이 아이들의 행동을 장기적으로 개선하지 못한다는 사실이 밝혀졌기 때문입니다. 가정에서도 벌 대신 보상을 활용하세요. 벌은 아이에게 부모에 대한 반발심만 키울 수 있습니다.

아이에게 새로운 습관을 형성하거나 특별한 성취를 기대할 때, 보상을 활용할 수 있습니다. 예를 들어, '매일 고전 10분 읽기' '매일 명상 5분 하기' '주 3회 줄넘기하기' 같은 활동에 보상을 걸 수 있어요. 또는 '300쪽짜리 책 읽기' '한국사 시험 합격하기' 같은 특별한 목표를 달성했을 때 보상을 제공하면 아이의 동기를 더욱 높일 수 있습니다.

보상은 값비싼 선물보다는 작고 의미 있는 것이 좋습니다. 특히 초등학생은 간단한 선물이면 충분합니다. 평소 먹고 싶었던 음식, 하고 싶었던 활동, 갖고 싶었던 장난감 등이 적합합니다. 어릴 때부터 너무 큰 보상에 길들여지면, 보상의 가치가 떨어질 수 있으니 주의해야 합니다.

만약 '매일 30분 독서하기'를 목표로 정했다면, 기간은 너무 길지 않게 잡으세요. 기간이 길어지면 아이가 지칠 수 있으니, 1~2주나 한 달 정도로 짧게 정해 습관을 들이는 것이 좋습니다. 만약 약속한 기간 내에 습관이 완전히 자리 잡지 않았다면, 새로운 보상을 걸어 활동을 이어 가는 것이 효과적입니다.

적절한 보상은 아이의 노력을 끌어내고 성취감을 높이는 데 도움이 되지만, 모든 행동에 보상을 걸어서는 곤란합니다. 밥 잘 먹기, 양치질하기처럼 초등학생으로서 당연히 해야 할 일까지 보상을 주면 보상의 의미가 퇴색될 수 있습니다. 보상 시스템은 아이가 필요한 습관을 형성하거나 특별한 목표를 이루는 데만 사용하세요.

적절한 보상 활용하기		
1	'문제집 안 풀면 게임 못 하게 할 거야' 같은 벌 주기	→ '목표를 이루면 선물 사 줄게' 같은 보상하기
2	값비싼 선물로 너무 큰 보상하기	→ 작고 의미 있는 선물하기
3	'1년 동안 매일 독서하기' 같은 긴 목표 기간 설정하기	→ '겨울 방학 동안 매일 독서하기' 같은 짧은 목표 기간 설정하기
4	'밥 먹기, 양치질' 같은 당연한 일에 보상 걸기	→ '한자 시험 통과' 같은 특별한 일에 보상 걸기

외재적 보상은 아이의 행동을 개선하고 좋은 습관을 만드는 데 효과적입니다. 보상을 통해 아이는 노력의 중요성을 깨닫고 성취감을 느끼며, 점차 스스로 하고 싶다는 내재적 동기를 갖게 됩니다. 그러나 보상을 남발하지 않는 것이 중요합니다. 보상만을 기대하며 행동하는 아이는 그 행동을 오래 이어 가기 어렵기 때문입니다. 그리고 가장 좋은 보상은 부모의 진심 어린 칭찬입니다. "잘했어!" "수고했어!" "잘할 수 있어!" 같은 따뜻한 말 한마디는 아이의 자신감을 키우고, 스스로 삶의 과제를 해결해 나가는 데 큰 힘이 됩니다.

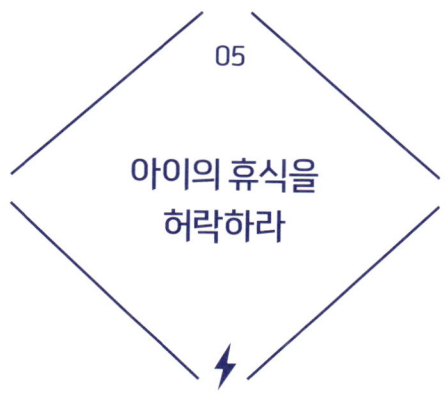

휴식은 집중력을 충전한다

아이가 가장 집중력을 잘 발휘해야 할 과제는 역시 공부일 거예요. 부모라면 아이가 공부에서 좋은 성과를 얻길 바랄 겁니다. 그래서 아이들은 하루에 몇 시간씩 공부에 몰두하며, 때로는 비생산적으로 보이는 휴식 시간까지 줄이곤 합니다. 하지만 휴식도 결코 소홀히 해서는 안 됩니다. 잠을 자는 동안 뇌가 기억해야 할 정보를 정리하고 저장하듯, 짧은 휴식도 기억력을 높이는 데 큰 역할을 하기 때문입니다.

공부는 감각 기관을 통해 들어온 정보를 뇌가 처리하고, 이를 장기적인 기억으로 저장하는 과정입니다. 하지만 특별히 주의를 기울이지 않으면 뇌는 들어온 정보를 쉽게 흘려보내 잊어버리는 경향이 있습니다. 수업을 한

번 듣는 것만으로 모든 내용을 기억할 수 없는 이유도 여기에 있지요. 결국, 단기 기억을 장기 기억으로 전환하는 과정이 공부 성과를 좌우합니다. 그래서 사람들은 밑줄을 치거나 교과서를 여러 번 반복해서 읽고, 공책에 쓰면서 암기하는 등 다양한 방법으로 기억을 강화하려고 노력합니다.

그럼에도 기억을 강화하는 과정이 쉽지는 않습니다. 새로운 정보가 계속 들어오면 뇌는 혼란스럽거든요. 중요한 정보를 골라 장기 기억으로 전환하려면 뇌가 정보를 정리할 시간이 필요합니다. 바로 이 점에서 휴식이 중요한 역할을 합니다.

이와 관련해 미국 국립보건원 산하 국립신경질환뇌졸중연구소(NINDS)에서 진행한 흥미로운 실험이 있습니다. 오른손잡이 피험자들에게 왼손으로 타이핑을 치게 하며 한 그룹은 타이핑 중간에 휴식을 취하게 하고, 다른 그룹은 쉬지 않고 반복해서 타이핑하게 했습니다. 그 결과, 도중에 휴식 시간을 둔 그룹의 학습 효과가 무려 20배 높았다는 사실을 발견했습니다.

연구진은 타이핑 도중 짧은 휴식을 취할 때, 기억 효과를 높이는 뇌파가 활성화된다는 사실을 알아냈습니다. 수행 능력은 타이핑을 계속할 때보다 휴식 시간 동안 더 크게 향상된다는 것입니다. 이 연구는 단순한 반복 연습만큼 짧은 휴식이 중요하다는 것을 보여 줍니다.

이처럼 공부를 잘하고 집중력을 높이려면 휴식이 절대적으로 필요합니다. 과제를 하는 중간중간 짧은 휴식을 주어 뇌가 학습 내용을 정리하고 곱씹는 시간이 필요해요. 휴식을 취하는 동안 뇌의 기능은 더욱 강화되고,

학습 효과 역시 크게 향상됩니다.

휴식은 단순히 기억력을 높이기 위한 시간만이 아니라, 마음과 몸의 재충전을 위한 시간이기도 합니다. 현대인들에게 인기 있는 '불멍'은 그 좋은 예입니다. '불멍'을 해 본 적 있나요? '불멍'은 장작불을 멍하니 바라보며 아무 생각 없이 시간을 보내는 것을 말합니다. 캠핑을 즐기는 사람들 사이에서는 빠질 수 없는 즐거움 중 하나죠. 타오르는 장작불을 아무 생각 없이 바라보면 편안함을 느끼게 됩니다. 그야말로 복잡한 일상에서 벗어나 자연 속에서 힐링을 체험합니다. '불멍'뿐 아니라 물 흐르는 모습을 바라보는 '물멍', 구름이 떠다니는 하늘을 보는 '하늘멍' 등 다양한 '~멍' 활동은 명상과 비슷한 효과를 주며 스트레스를 해소하고 행복감을 느끼게 해 줍니다.

중요한 과업을 잘 해내는 것뿐만 아니라, 아이의 마음과 몸을 건강하게 유지하기 위해서도 휴식은 필수입니다. 쉴 새 없이 돌아가는 기계도 잠시 멈춰 열을 식혀야 제대로 작동하듯, 뇌도 잠시 멈추는 시간이 필요합니다. 휴식 없이 뇌를 계속 몰아붙이면 과부하가 걸려 집중력이 떨어지고, 일의 효율성도 떨어집니다. 정상적인 뇌 활동을 위해서 아이에게 충분한 쉼을 허락하세요. 휴식은 과도하게 사용된 뇌의 피로를 풀고, 활력을 되찾게 해 줍니다.

성장을 위해 아이의 휴식 허락하기

'어릴 땐 실컷 놀아야지'라는 말은 이제 옛말이 된 것 같아요. 해가 질 때까지 놀이터에서 땀에 젖도록 노는 아이들이 줄었습니다. 하교 후에 이 학원에서 저 학원으로 다니며 학업에 매진하는 아이들이 더 흔한 풍경이 되었습니다. 어른들도 주 5일 일하고 주말에 푹 쉬면서 재충전하는데, 주말까지 공부로 꽉 차 있는 아이들의 일정을 보면 안타까운 마음이 듭니다.

아이들에게도 휴식은 꼭 필요합니다. 공부를 시키더라도 아이가 숨 돌릴 틈을 주어야 합니다. 스트레스를 풀고 머리를 잠시 식히는 시간이 있어야 해요. 휴식 시간에 공부하며 배운 내용도 찬찬히 정리해 볼 수 있고, 친구와의 관계에서 오는 피곤함도 정리할 수 있습니다. 휴식은 자기 감정을 정리하고 안정감을 찾는 중요한 시간이기도 합니다. 또한, 신체적으로도 에너지를 충전하는 시간입니다. 이처럼 건강한 정신과 튼튼한 신체를 위해 휴식은 필수입니다.

아이가 방바닥에 엎드려 그림만 그리고 있으면 답답한 마음이 들지도 모르겠습니다. '그 시간에 영어 단어 하나라도 더 외우지'라는 생각이 들기도 하지요. 이는 휴식을 게으름이나 낭비로 보는 인식 때문입니다. 이런 생각부터 바꿔야 합니다. '휴식은 아이의 몸과 마음을 회복하게 도와준다'라고 생각해야 합니다. 단순히 쉬는 것처럼 보이지만, 휴식은 집중력을 높이고 창의력을 키우며, 오히려 아이에게 에너지를 넣어 줍니다.

휴식은 아이에게 달콤한 시간이 되어야 합니다. 어떤 스트레스도 없이 긴장이 풀린 상태여야 진정한 휴식이지요. "책 읽으면서 쉬어"라는 엄마의 말에 아이가 눈살을 찌푸린다면, 그건 휴식이 아니에요. 휴식 시간에는 아이가 스스로 좋아하는 것을 하면서 편안함을 느껴야 합니다. 부모는 아이의 선택을 존중하며, 강요하지 않고 한발 물러나 지켜봐야 합니다. 이렇게 스스로 쉬는 법을 배우는 과정에서, 아이는 자신을 돌보는 방법을 익히고 자연스럽게 자기 조절력과 책임감도 길러 나가게 됩니다.

스마트폰으로 게임을 하며 휴식 시간을 즐기려는 아이들도 있을 겁니다. 자유로운 휴식을 허락하더라도, 스마트폰 게임처럼 뇌에 부정적인 영향을 주는 활동은 되도록 피하는 것이 좋습니다. 대신, 손으로 직접 만지고 몸으로 즐기는 놀이가 더 재미있다는 걸 아이가 느낄 수 있게 도와주세요. 그림 그리기, 피아노 치기, 운동, 보드게임 같은 활동을 권장합니다.

공부할 때 휴식은 더없이 중요합니다. 일정 시간 집중해서 공부한 후 짧은 휴식을 취하는 포모도로 기법이 효과적인 이유도 이 때문입니다. 기억력과 집중력은 연속적으로 학습할 때보다 중간중간 휴식을 취할 때 더 향상됩니다. 이 원리는 장기적인 공부 전략에도 적용할 수 있습니다. 예를 들어, 같은 학습 내용을 오늘 세 번 반복해서 읽는 것보다, 오늘 한 번, 내일 한 번, 다음 주에 한 번씩 읽는 방식이 훨씬 효과적입니다. 같은 횟수로 반복하더라도 중간에 휴식을 두면, 뇌가 정보를 더 잘 정리하고 기억을 강화하기 때문입니다.

성장을 위해 아이의 휴식 허락하기		
1	휴식을 게으름이나 낭비로 생각하기	→ 휴식은 건강을 위해 필요하다고 생각하기
2	부모가 아이의 휴식 방식을 정하기	→ 아이가 좋아하는 방식으로 쉬도록 하기
3	스마트폰 게임 하며 휴식하기	→ 그림 그리기, 보드게임 등 손으로 직접 만지고 몸으로 노는 활동 권하기
4	휴식 없이 계속 공부하기	→ 공부 중간중간에 짧은 휴식 시간 주기

  부모와 함께하는 놀이식 스트레칭이나 명상도 좋은 휴식 방법이 될 수 있어요. 잔잔한 음악을 들으며 부모와 스킨십을 나누면 아이는 정서적으로 안정감을 느낍니다. 가벼운 산책을 하며 자연에서 쉬는 것도 아이의 몸과 마음을 돌보는 일입니다. 주말에는 가까운 공원을 걸으며 아무 걱정 없이 아이와 편안한 시간을 보내기를 추천합니다.

  요즘 많은 아이들이 충분히 쉬지 못해 마음의 여유를 잃어 가고 있습니다. 심지어 해맑아야 하는 초등학생들조차 학업 스트레스로 잠을 설치기도 하지요. 적절히 휴식을 취한 아이들이 학업에서도 더 나은 집중력을 발휘합니다. 아이에게 충분한 휴식을 허락하세요.

정서 서포트

집중력의 바탕을 지지하라

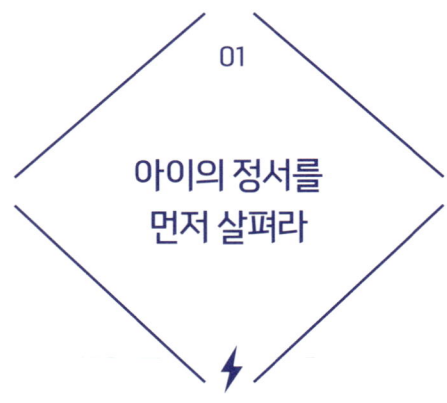

심리적 환경에 따라 달라지는 아이들

아이가 공부를 잘하길 바라는 마음에 부모는 아이를 학원에 보냅니다. 혹여나 뒤처질까 봐 주변 아이들이 가는 학원을 따라 선택하기도 합니다. 하지만 학교 공부를 마치고 밤늦도록 학원 공부까지 하면, 그 성과가 만족스러워야 할 텐데 꼭 그렇지만은 않지요. '우리 아이는 학원에 전기세 내 주러 다니는 것 아닌가?'라는 생각마저 듭니다. 부모로서 최선을 다해 지원해 주는 것 같은데, 아이는 그 기대만큼 따라 주질 않지요.

아이들이 학원에 다니는 이유는 부모의 기대와 다를 수 있습니다. 부모는 공부를 위해 학원을 보내지만, 아이에게 학원은 친구들과 만나는 장소가 되기도 합니다. 너도나도 학원에 다니다 보니, 자연스럽게 친구들과 어울리는 공간이 되는 것이지요. 또한, 학원 수업은 여러 명이 함께 듣는 방식이므로, 아이마다 이해 수준이 달라 따라가기 어려운 경우도 생깁니다. 그럴수록 집중력이 흐트러지고, 학원 숙제를 제대로 이해하지 못합니다. 결국 친구에게 숙제를 대신 부탁하거나, 답안지를 베껴 가게 됩니다. 그래도 들킬 일이 거의 없으니 문제가 반복되기 쉽습니다.

결국 핵심은 마음가짐입니다. 공부하려는 의지가 없는데 집중력이 저절로 생길 리 없습니다. 부모가 항상 곁에서 일일이 챙기고 격려할 수도 없고, 아이의 마음을 '공부 모드'로 매번 스위치 켜듯 조정할 수도 없습니다.

'나는 공부해야겠다. 나는 이 시간에 집중할 거야'라는 마음은 저절로 생기지 않아요. 특히 가정에서 심리적으로 충분한 지지를 받지 못하면, 공부에 대한 동기를 갖기가 더욱 어렵지요. 아이의 공부 동기는 가정 환경과 매우 밀접하게 연결되어 있습니다. 부모의 양육 방식과 가정 분위기에 따라 공부에 대한 동기뿐만 아니라, 아이의 자신감과 인지 능력 등이 달라집니다.

부모로부터 사랑과 격려를 충분히 받지 못한 아이들은 자신감이 부족해지고, 공부에 대한 의지도 약해질 수 있습니다. 이는 학습 의욕을 떨어뜨리고, 학교나 학원에서 집중력을 잃게 만드는 요인이 되지요. 이런 아이들은 새로운 일을 시작할 때 실패에 대한 두려움이 앞서며, 어려운 상황을 피하려고 합니다. 공부에서도 난이도가 조금만 높아지면 금방 포기해 버리곤 합니다.

학령기 아이들은 저마다 학업 스트레스를 겪습니다. 가정에서 심리적 지지를 받지 못한 아이들은 스트레스를 풀 방법을 찾지 못하거나, 잘못된 방식으로 풀 가능성이 큽니다. 특히 부모가 아이를 과도하게 압박하거나 통제할 때, 혹은 무관심하거나 가정 내 갈등이 잦을 때, 아이들은 게임이나 SNS에 중독될 위험이 커집니다.

아이들은 학업 스트레스, 친구 관계, 가정 내 불화 등 다양한 이유로 우울감을 느낄 수 있습니다. 이런 상황에서 가정은 아이가 마음의 상처를 치유하고 극복할 수 있도록 따뜻하게 보듬어 줘야 합니다. 그러나 안타깝게도 우울감의 근본적인 원인이 가정에 있는 경우도 많습니다. 가정에서 정서적 보살핌을 충분히 받지 못하거나, 애착 관계에 결핍을 느끼는 아이들은 집중력에 문제가 생깁니다. 실제로 우울증이 있으면 기억력과 집중력 같은 인지 능력이 떨어진다는 연구 결과가 있습니다.

아이의 마음이 평화로워야 자신의 삶과 목표에도 집중할 수 있습니다. 따라서 아이의 집중력이 부족하다면, 그 원인이 정서적 문제는 아닌지 살펴보아야 합니다. 부모의 양육 환경은 아이의 삶에 절대적인 영향을 미칩니다. 부모의 심리적 지지는 아이의 학습 동기와 자긍심을 높이고, 목표를 향해 나아갈 수 있는 힘을 키워 줍니다. 하지만 이런 심리적 환경은 하루아침에 만들어지지 않습니다. 꾸준히 아이와 대화하며 정서적 유대감을 쌓아가는 노력이 필요합니다.

정서 발달이 최우선이다

아동·청소년기는 뇌가 급격하게 발달하고 성격이 형성되는 중요한 시기입니다. 이 시기에 심리적으로 건강하지 못하면 집중력이 제대로 발달하지 못할 뿐만 아니라, 행동의 문제로도 이어질 수 있습니다. 이러한 문제는 아이의 삶의 질을 떨어뜨릴 뿐만 아니라, 성인이 되어서까지도 후유증을 남길 수 있지요.

집중력을 높이기 위해 좋은 음식이나 학습 환경을 갖추는 것도 중요하지만, 무엇보다 중요한 것은 아이의 올바른 정서 발달을 돕는 것입니다. 이런 이유로, 우리나라 학교에서는 초등학교 1학년과 4학년, 중학교 1학년, 고등학교 1학년 학생들을 대상으로 '학생정서·행동특성검사'를 실시하고 있습니다. 이 검사는 신뢰도 높은 문항들로 구성되어 있으며, 학생의 성실성, 자존감, 공동체 의식, 부모 자녀 관계, 집중력 부진, 불안, 사회성 등 다양한 요소를 분석합니다. 이를 통해 아이의 정서적 상태와 행동 특성을 객관적으로 파악할 수 있습니다. 검사 결과는 정상군과 관심군으로 나뉘어 부모에게 전달되며, 아이의 정서 발달에 세심한 관심을 기울일 것을 권장합니다.

다음은 초등학생 학부모를 대상으로 한 학생정서·행동특성검사 설문지입니다. 평소 아이와 나눈 대화나 행동을 떠올리며 답변해 보세요. 이를 통해 아이의 정서 상태를 점검하고, 필요한 지원이 무엇인지 고민해 볼 수 있습니다.

☑ 학생정서·행동특성검사 학부모용 설문지

	다음은 초등학생 학부모 또는 주 양육자 여러분께 자녀의 성격 및 정서·행동 특성을 묻는 설문입니다. 이 검사에는 옳거나 그른 답이 없으므로 자신의 의견을 있는 그대로 솔직하게 대답하시면 됩니다. 다음 각 문항을 읽고, 최근 자녀의 모습에 해당된다고 생각하는 곳에 ○표 해 주십시오.

지난 3개월간 우리 아이는…

	문항	전혀 아니다	조금 그렇다	그렇다	매우 그렇다
1	스스로를 좋은 점이 많은 사람이라고 생각한다.	0	1	2	3
2	친구들과 세운 계획을 실행에 옮기기 위해 노력한다.	0	1	2	3
3	기발한 생각을 자주 떠올린다.	0	1	2	3
4	다른 사람의 의견을 귀 기울여 듣는다.	0	1	2	3
5	한번 하겠다고 마음먹은 일은 끝까지 한다.	0	1	2	3
6	공동의 문제를 해결하기 위해 친구들과 함께 적극적으로 나선다.	0	1	2	3
7	어떤 일을 할 때 상대방의 감정을 고려하여 행동한다.	0	1	2	3
8	상상력이 풍부하다는 말을 듣는다.	0	1	2	3
9	해야 할 일에 끝까지 집중한다.	0	1	2	3
10	자신이 속한 학급을 좋아한다.	0	1	2	3
11	다른 사람들과 친하게 지내는 것이 중요하다는 것을 안다.	0	1	2	3
12	신중히 생각한 뒤에 말하고 행동한다.	0	1	2	3
13	스스로를 소중한 존재라고 느낀다.	0	1	2	3
14	새로운 것을 배우고 경험하는 것을 좋아한다.	0	1	2	3
15	지금의 자기 자신에 대해 만족한다.	0	1	2	3
16	스스로를 자랑스럽게 생각한다.	0	1	2	3
17	어떤 일을 할 때 미리 계획을 세운다.	0	1	2	3

	지난 3개월간 우리 아이는…				
	문항	전혀 아니다	조금 그렇다	그렇다	매우 그렇다
18	친구들과 어떤 일을 함께 하는 것을 좋아한다.	0	1	2	3
19	자기 반에 자신의 마음을 알아주는 친구가 있다.	0	1	2	3
20	친구들 사이에서 리더 역할을 한다.	0	1	2	3
21	친구들의 감정과 기분에 공감을 잘한다.	0	1	2	3
22	다른 사람의 기분을 잘 알아차린다.	0	1	2	3
23	학교 행사와 활동에 적극적으로 참여한다.	0	1	2	3
24	호기심이 많고, 탐구하는 것을 좋아한다.	0	1	2	3
25	울거나 짜증내는 경우가 많다.	0	1	2	3
26	어른(부모, 교사 등)에게 반항적이거나 대든다.	0	1	2	3
27	또래보다 농담, 비유, 속담 등을 잘 이해하지 못하고 글자 그대로 받아들인다.	0	1	2	3
28	집을 나서거나 부모(주 양육자)와 떨어지는 것을 매우 불안해한다.	0	1	2	3
29	이전에 겪었던 힘든 일들(사건·사고, 가까운 사람과의 이별 또는 사망 등)을 잊지 못하고 힘들어한다.	0	1	2	3
30	매사에 의욕이 없고 피곤해 보인다.	0	1	2	3
31	예민하고 신경질적이다.	0	1	2	3
32	뚜렷한 이유 없이 여기저기 자주 아파한다. (예 : 두통, 복통, 구토, 메스꺼움, 어지러움 등)	0	1	2	3
33	또래에 비해 읽기, 쓰기, 셈하기를 잘하지 못한다.	0	1	2	3
34	자신만의 관심 분야에 지나치게 몰두한다.	0	1	2	3
35	수업 시간, 공부, 오랫동안 책 읽기 등에 잘 집중하지 못한다.	0	1	2	3
36	거짓말을 자주 한다.	0	1	2	3

	지난 3개월간 우리 아이는…				
	문항	전혀 아니다	조금 그렇다	그렇다	매우 그렇다
37	가만히 앉아 있지 못하거나 손발을 계속 움직인다.	0	1	2	3
38	인터넷, 게임, 스마트폰 과다 사용으로 일상생활에 어려움이 있다. (예 : 부모와의 갈등, 학교 생활에 지장 등)	0	1	2	3
	지난 한 달간 우리 아이는…				
39	다른 아이로부터 따돌림이나 무시를 당하여 힘들어한다.	0	1	2	3
	지난 3개월간 우리 아이는…				
40	특정 행동을 반복하며 힘들어한다. (예 : 손 씻기, 확인하기, 숫자 세기 등)	0	1	2	3
41	눈 맞춤이나 얼굴 표정이 자연스럽지 못하다.	0	1	2	3
42	적응력이나 대처 능력이 또래에 비해 부족하다.	0	1	2	3
43	국어 능력과 계산 능력이 또래에 비해 우수하다.	0	1	2	3
44	기다리지 못하고 생각보다 행동이 앞선다.	0	1	2	3
45	원치 않는 생각이나 장면이 자꾸 떠오른다며 괴로워한다.	0	1	2	3
46	이유 없이 갑작스럽게 눈 깜빡임, 킁킁거림, 어깨 으쓱거림 등을 반복한다.	0	1	2	3
47	다른 아이들과 자주 다툰다. (예 : 말싸움 혹은 주먹 다툼)	0	1	2	3
48	다른 사람의 시선을 많이 의식하고 쉽게 상처받는다.	0	1	2	3
49	한 번도 거짓말을 한 적이 없다.	0	1	2	3
50	다른 사람의 입장을 이해하거나 배려하길 어려워한다.	0	1	2	3
51	자신감이 부족하다.	0	1	2	3
52	친구를 사귀거나 친밀한 관계를 유지하는 것을 어려워한다.	0	1	2	3
53	상황에 맞지 않는 부적절한 말이나 질문을 한다.	0	1	2	3
54	사소한 일에도 불안해하거나 겁을 낸다.	0	1	2	3
55	흥분해서 부모에게 말대꾸를 하거나 과격하게 반항한다.	0	1	2	3

지난 한 달간 우리 아이는…					
	문항	전혀 아니다	조금 그렇다	그렇다	매우 그렇다
56	다른 아이로부터 놀림이나 괴롭힘(언어폭력, 사이버 폭력, 신체적 폭력)을 당하여 힘들어한다.	0	1	2	3
지난 3개월간 우리 아이는…					
57	전반적으로 신체적 건강은 좋은 편이다.	0	1	2	3
58	전반적으로 정서적 건강은 좋은 편이다.	0	1	2	3

II	다음은 아이와 관련된 것이 아닌 학부모 또는 주 양육자이신 자신과 관련된 설문 조사입니다. 다음 각 문항을 읽고, 최근 부모님(주 양육자)의 모습에 가장 해당된다고 생각하는 곳에 ○표 해 주십시오.

지난 3개월간 학부모인 나는…					
	문항	전혀 아니다	조금 그렇다	그렇다	매우 그렇다
59	아이한테 욕하거나 마음에 상처 주는 말을 하게 된다.	0	1	2	3
60	아이를 양육할 때 스트레스가 많다.	0	1	2	3
61	아이가 말을 듣지 않아서 자꾸 매를 들게 된다.	0	1	2	3
62	내 아이의 행동으로 인해 화가 난다.	0	1	2	3
지금까지 학부모인 나는…					
63	자녀 문제로 전문가에게 상담을 받아 본 경험이 있다.	☐ 예		☐ 아니오	
지금 학부모인 나는…					
64	이 검사에 있는 그대로 성실히 응답하고 있다.	0	1	2	3
65	본 설문 결과에 따라 전문 상담 등의 지원을 받아 볼 의향이 있다.	☐ 예		☐ 아니오	

출처_2023년 학생정서·행동특성검사 및 관리 매뉴얼(교육부, 학생정신건강지원센터)

☑ 결과 판정 기준

판정 기준	결과 판정			원점수 범위
정서·행동문제 총점	일반 관리	초1	남	20~22점
			여	17~19점
		초4	남	21~24점
			여	19~21점
	우선 관리	초1	남	23점 이상
			여	20점 이상
		초4	남	25점 이상
			여	22점 이상
문항 39, 56 총점	학교 폭력 피해			1점 이상

출처_2023년 학생정서·행동특성검사 및 관리 매뉴얼(교육부, 학생정신건강지원센터)

설문지에는 아이의 인지, 행동, 정서에 어려움이 있는지 파악하는 질문 외에도 학부모의 양육 태도에 관한 질문이 들어 있습니다. 부모가 아이를 양육하며 스트레스를 느끼는지, 아이에게 모진 말이나 행동을 했는지 솔직하게 답변하도록 되어 있지요. 이는 부모의 양육 태도가 아이의 자존감, 집중력, 사회성에 큰 영향을 미친다는 사실을 반영한 것입니다.

부모가 불안하거나 부정적인 감정에 휩싸여 있으면, 아이에게 따뜻한 말이 잘 나오지 않습니다. 별것 아닌 일에 소리를 지르는 등 감정적으로 행동할 수 있어요. 이런 행동이 반복되면 아이는 점점 위축되고 겁에 질립니다. 자존감이 낮아지고 자신을 부정적으로 바라보게 됩니다. 결국, 집중력이 떨어지고 무기력해져 학업이나 일상생활에서 어려움을 겪게 되지요. 이처럼 아이의 정서 상태는 부모와 밀접하게 연결되어 있습니다. 만약 아이의 정서가 불안정하다면, 부모가 먼저 자신의 감정을 돌아보고 안정감을 찾는 것이 중요합니다.

 아이들은 따뜻하고 안정적인 부모의 보살핌 아래 밝고 건강하게 자라납니다. 그렇게 자라난 아이들이 자신의 삶을 보다 잘 꾸려 나가고 사회에서 조화롭게 살아갈 수 있습니다.

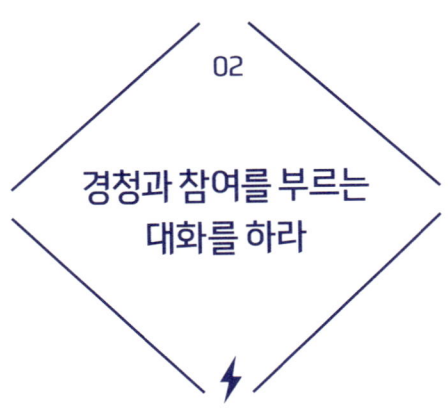

부모와의 대화는 아이를 행복하게 만든다

아이와 하루 동안 얼마나 대화를 나누시나요? 학교 가랴, 학원 가랴, 숙제하랴 바쁘다는 핑계로 대화 시간이 줄어들지는 않았나요? 사실, 하루 1시간이라도 눈을 마주 보고 대화하는 것이 쉽지 않은 게 현실입니다.

하지만 아무리 바빠도 아이와 나누는 대화의 중요성을 잊지 말아야 합니다. 아이는 부모의 말과 태도를 통해 세상을 배우기 시작합니다. 대화를 통해 감정을 조절하는 법을 익히고, 자신의 생각을 말로 표현하는 방법을 배우지요. 아이의 인지 능력 역시 부모의 어휘에 영향을 받습니다. 부모와의 대화 속에서 아이는 성격, 자존감, 삶의 가치관을 형성하며, 이는 아이의 인생 전반에 큰 영향력을 행사합니다.

아이는 부모와 대화를 나누며 사람들과 어떻게 말하고 행동해야 하는지 자연스럽게 배웁니다. 감정에 따라 충동적으로 행동하지 않고, 참아야 할 때도 있다는 걸 배우지요. 자신의 감정을 솔직하게 표현하면서도 다른 사람을 배려하는 법도 부모와 대화를 하며 익힙니다. 부모는 인생의 선배로서 아이에게 학교나 사회에서 원활하게 소통하는 법을 알려 주고, 사람들과 좋은 관계를 맺도록 도와줍니다.

여러 연구에 따르면, 아이의 언어 능력은 부모와 대화하면서 크게 발달한다고 합니다. 아이는 부모와 이야기를 나누거나 부모 간의 대화를 들으며 다양한 어휘를 경험하고 습득합니다. 실질적으로 아이는 책을 읽을 때보다 부모와 대화를 나눌 때 더 많은 단어를 배웁니다. 따라서 부모의 말투와 어휘 선택은 아이의 사고력, 표현력, 그리고 전반적인 언어 발달을 크게 좌우합니다.

무엇보다 아이의 정서적 안정을 책임지는 가장 중요한 요소는 바로 부모의 따뜻하고 진심 어린 언어입니다. 아이가 새로운 일에 도전할 때, 좋아하는 일에 집중할 때, 혹은 실패로 낙담할 때, 부모가 건네는 말 한마디는 아이의 자존감을 키우기도 하고 무너뜨리기도 합니다. 부모의 말이 아이의 집중력에 불을 지피기도 하고, 불씨를 꺼뜨릴 수도 있는 것이지요. 특히, 부모와 아이가 대화를 통해 원활하게 소통하면, 아이는 그만큼 더 큰 행복감과 안정감을 느낍니다.

대화는 쌍방향으로 이루어져야 합니다. 부모가 일방적으로 명령하거나 강요하고, 협박하듯 말한다면 그것은 대화가 아닙니다. 어린아이부터 중·고등학생까지 대부분의 아이들은 부모의 일방적인 잔소리를 싫어합니다. 잔소리가 계속되면, 아이는 '부모님은 내 마음을 이해 못 해'라고 생각하며 점점 마음을 닫게 됩니다. 결국 소통이 단절되고, 아이는 스트레스를 받게 됩니다. 공부나 성적 이야기만 하며 지시하는 부모를 보며, 아이는 차라리 아무 말도 하지 않는 편이 낫겠다고 생각합니다.

대화에서 가장 중요한 것은 아이와 마음을 나누는 것입니다. 아이가 부모와의 대화를 통해 자기 조절, 감정 표현, 의사소통 능력, 언어 능력, 사회성 등을 배울 수 있으려면, 부모의 말에 따뜻한 애정과 공감이 깃들어 있어야 해요. 아이가 '부모님은 날 사랑해' '부모님은 항상 날 응원해 줘'라고 느낄 수 있어야 하지요. 그래야지 사춘기가 되어도 아이들이 부모와 솔직하게 마음을 나눌 수 있습니다.

아이와 소통하는 대화 나누기

"공부는 했니?" "준비물은 챙겼고?" "정리는 안 하니?" 부모가 아이에게 흔히 건네는 말이지요. 그런데 이 말을 시어머니 버전으로 바꾸면 어떨까요? "남편 셔츠는 다렸니?" "애들 아침은 챙겨 줬니?" "집 안 청소는 안 하니?"로 번역될 수 있겠네요.

며느리 입장에서 기분이 어떠신가요? 시어머니의 잔소리일 뿐 대화라고 보기 어렵습니다. 아이들도 마찬가지입니다. 추궁하고 강요하는 말은 아무리 부드러운 말투여도 듣기 싫고 부담스럽습니다. 이런 말이 반복되면, 아이들은 두 눈을 질끈 감고 대화를 피하려 할 것입니다.

　대화는 서로의 말이 마음에 닿고, 진심으로 이해될 때 의미가 있습니다. 아이가 솔직하게 자기 마음을 표현할 수 있어야 하고, 부모의 눈치를 보거나 주눅 들어서는 안 되지요. 반대로, 아이가 집에서 왕처럼 말하고 행동하는 것도 잘못된 대화 방식입니다. 서로 의견을 존중하고 경청하는 자세가 기본이 되어야 합니다. 예를 들어, 문제집을 풀면서 딴짓하는 아이에게 "집중 좀 해!"라고 야단친다고 해서 긍정적인 변화를 기대하기는 어렵습니다. 잠시 자세만 고칠 뿐, 머릿속은 불만으로 가득 찰 테니까요. 화를 내기보다는, "왜 집중이 안 될까? 무슨 이유가 있을까?"라고 차분히 물어보세요. 옷이 불편하다든지, 문제가 어렵다든지 이유를 알게 되면, 화내지 않고도 행동을 바로잡을 수 있습니다.

　엄마가 보기엔 5분이면 끝낼 것 같은 문제를 아이가 30분 동안 붙들고 있으면 속이 터집니다. "이 쉬운 것도 못 하니?"라는 말이 절로 나와요. 하지만 가장 답답한 사람은 바로 아이예요. 지금은 끙끙대고 있어도, 아이 스스로 해낼 수 있다는 믿음을 가져야 합니다. "어떤 부분이 어려워?"라고 물어보며 공감하고, 적절한 힌트를 주세요. 스스로 풀어낼 수 있도록 격려를 아끼지 말아야 합니다.

　가족 외식에서 "오늘은 짜장면이야"라며 단정 지어 말하면 아이는 의견을 낼 기회를 잃습니다. 대신 "뭐 먹고 싶니?"라고 물어보세요. 물론 매번 아이가 메뉴를 정할 수는 없지만, 가끔은 전적으로 아이에게 선택을 맡겨 보세요. 사소한 일 같아 보여도, 아이는 '나도 가족의 일원으로서 의견을 내는구나'라는 뿌듯함을 느끼고, 동시에 책임감도 배울 수 있습니다.

부모는 평가자가 아닙니다. 아이를 있는 그대로 인정하고 존중할 때 진정한 대화가 이루어집니다. "너 같은 어린애가 뭘 알아?" "그건 하나도 중요하지 않아"라며 아이의 느낌이나 생각을 꺾는 말은 절대 하지 말아야 합니다. 아이의 경험과 고민을 아이의 눈높이에 맞춰 이해하고 공감하며 대화해야 합니다. "그랬구나, 네 생각은 어때?"와 같이 부드럽게 말한다면 아이가 편하게 속마음을 털어놓을 수 있는 분위기가 조성됩니다.

	아이와 소통하는 대화 나누기		
1	집중 좀 해!	→	왜 집중이 안 될까? 무슨 이유가 있을까?
2	이 쉬운 것도 못 하니?	→	어떤 부분이 어려워?
3	오늘은 짜장면이야.	→	뭐 먹고 싶니?
4	그건 하나도 중요하지 않아.	→	그랬구나, 네 생각은 어때?

부모와 아이의 대화는 좋은 관계를 만드는 중요한 열쇠입니다. 따뜻한 부모의 말 한마디가 아이의 성격과 마음을 건강하게 만듭니다. 아이를 억지로 통제하기보다 존중하며 대화하면, 아이는 정서적으로 안정을 느끼고

사회성을 배울 수 있습니다. 잔소리 대신 진심 어린 대화로 아이가 마음의 문을 열도록 해 주세요. 부모와의 따뜻한 소통은 집중력 향상에도 큰 도움이 됩니다. 자신이 존중받는다고 느낄 때, 아이는 더욱 몰입하고 성장할 수 있습니다.

아이를 성장하게 하는 열쇠는 인정하는 말

"딴짓 그만하고 선생님 봐야지!"

교실에서 집중력이 낮은 아이들은 하루에도 몇 번씩 지적을 받습니다. "두리번대지 마" "집중해서 필기해" "또 준비물 안 가져왔어?" "주변 정리 좀 해라!" 같은 말을 듣는 게 일상이 되지요. 집에서도 "책가방 잘 챙겼어?" "방 정리 좀 해!"라며 잔소리가 이어지니, 아이는 '이번엔 잘해야지' 하고 다짐하면서도 점점 무뎌지고 기분도 상합니다. 결국 부정적인 생각에 휩싸이고 자존감도 낮아집니다.

특히, 세상에서 가장 믿고 의지하는 부모님에게 "너는 원래 집중을 못 하잖아" "오늘도 또 물건을 잃어버릴 거니?" 같은 말을 들으면, 아이는 세상에 혼자 남겨진 것 같은 느낌을 받습니다. 학교에서도 만날 지적받는데 집에서까지 혼나니 더 화가 납니다. '어차피 안 될 거야'라는 생각에 좌절감만 커집니다. 반항심이 생겨 공격적으로 행동하게 될 수도 있지요.

사람에게는 누구나 타인에게 인정받고 싶어 하는 기본 욕구가 있습니다. 인정받는 순간, 자신의 존재 이유를 찾고 삶의 의지를 키울 수 있지요. 심리학에서도 유능하다는 평가를 받을 때 목표를 세우고 살아갈 힘을 얻는다고 말합니다. 다른 사람의 긍정적인 피드백은 자신의 가치를 깨닫게 해 주고, 자아 존중감을 높여 줍니다. '나는 소중한 존재다'라는 믿음은 더 나은 삶을 위해 노력할 힘을 만들어 주지요.

하지만 집중력이 낮은 아이들은 칭찬보다 지적에 더 익숙합니다. 칭찬받는 친구들을 부러워하며, 부모님이나 선생님께 인정받고 싶어 합니다. 공부도 잘하고 집중도 잘해서 좋은 말을 듣고 싶고, '나는 꽤 괜찮은 아이야'라고 생각하고 싶어 해요. 하지만 자꾸 부정적인 말과 지적이 쏟아지고, 못하는 아이로 낙인찍히니, 잘하고 싶은 마음이 사라집니다.

그래서 집중력이 낮은 아이일수록 인정받는 경험이 더욱 중요합니다. 밖에서 지적을 많이 받더라도, 집에서는 아이가 노력하고 잘하고 있는 점을 찾아 인정해 줘야 해요. 금지와 지적보다는 칭찬과 격려의 말을 건네면, 아이는 정서적으로 안정감을 느끼고 가족 간 신뢰도 깊어집니다. 이러한 건강한 관계는 아이가 세상을 더 긍정적으로 바라볼 수 있게 하고, 사람들과의 관계에서도 자신감을 갖게 해 줍니다.

반면, 부모의 거친 말을 자주 들으며 자란 아이는 뇌에 깊은 상처가 새겨져 기억력, 주의 집중력, 통제력이 떨어지고, 폭력성이 높아진다는 연구 결과가 있습니다. 부모는 아이에게 낙인을 찍는 말 대신 인정하는 말을 건네야 합니다. 인정하는 말은 아이가 존중받고 있다고 느끼게 하며, 자신의 감정과 생각을 솔직하게 표현할 수 있게 해 줍니다. 부족한 점이 있더라도 점차 나아질 수 있다는 긍정적인 마음가짐도 키워 주지요.

'칭찬은 고래도 춤추게 한다'는 말처럼, 어른이든 아이든 칭찬을 들으면 기분이 좋아지고 더 잘하고 싶은 마음이 생기지요. 아이가 문제 행동을 보일 때, "원래 그런 아이야"라고 단정 짓기보다는, "잘할 수 있어" "잘하고 있어" 같은 따뜻한 말을 건네 보세요. 아이의 노력을 인정해 주세요. 윽박지르고 화내는 말이 아닌 긍정의 말이 아이의 문제 행동을 스스로 바꾸게 하는 지름길입니다.

부모의 말 한마디로 아이들은 달라집니다. 세 살 아이도 "아이, 예뻐라. 참 잘했어"라는 칭찬 한마디에 장난감을 스스로 치웁니다. 아이들은 본능적으로 인정받고 싶어 하며, 부모의 긍정적인 피드백을 통해 올바른 행동을 배워 나갑니다. 학교에 들어갔다고 해서 갑자기 모든 걸 다 잘할 수 있는 건 아니에요. 아이는 여전히 배우고 성장하는 중이니까요. 부모의 따스한 말이 아이를 움직이게 합니다. 세상에 하나뿐인 소중한 아이잖아요. 조금 느리고 서툴러도, 아이를 있는 그대로 인정하고 아껴 주어야 할 사람은 부모뿐입니다.

아이를 제대로 인정하는 칭찬하기

아이를 인정하고 칭찬하는 말에도 기술이 필요합니다. 칭찬을 너무 자주 하거나 과장되게 하면, 오히려 아이의 신뢰를 잃습니다. 예를 들어, "넌 최고야!" "뭐든지 잘해!" 같은 말도 아이가 실제로 노력한 결과에 대한 칭찬이라면 긍정적인 효과를 줄 수 있습니다. 하지만 별다른 노력을 하지 않았는데 이런 칭찬을 듣는다면, 아이는 그 말의 진정성을 의심할 수도 있습니다. 또한, 다른 친구와 비교하며 하는 칭찬도 위험합니다. "네 친구보다 성적이 더 높아서 훌륭해"라는 말은 칭찬처럼 들릴지 몰라도, 아이에게 심리적 압박을 줄 수 있습니다. 잘하지 못하게 되면 인정받을 수 없다는 생각에 불안과 열등감을 느낄 수 있지요.

아이의 노력과 과정을 인정하는 칭찬이 가장 바람직합니다. 결과에만 초점을 맞추면 칭찬할 기회를 놓칠 수도 있습니다. 예를 들어, 70점 맞은 시험지를 보고 "왜 이렇게 못했어? 집중을 안 하니까 그렇잖아"라고 비난하기보다는, 아이가 틀린 문제를 다시 풀어 보며 연습했던 과정을 떠올리게 해 보세요. 결과가 만족스럽지 않더라도, "어려워도 끝까지 포기하지 않고 해냈구나"라며 아이의 노력과 태도를 인정해 주세요.

또한, 다른 사람과 비교하며 "그 정도는 누구나 해"라고 단정 짓지 말고 기준을 아이에게 두어야 합니다. 사람마다 능력과 자질이 다르기 때문이지요. 작년보다 성장한 모습이나 열심히 노력한 점을 인정해 주세요. "정말 열심히 노력했구나. 대단해"라며 아이가 노력한 과정을 칭찬하는 말은 아이를 한층 더 성장하게 도와줍니다.

아이의 지능이나 재능을 칭찬할 때도 주의가 필요합니다. "넌 원래부터 음악적 재능이 뛰어나" "넌 똑똑해" 같은 칭찬은 자신감을 키워 주지만, 그 재능에만 의존하는 태도를 심어 줄 수 있습니다. 태어날 때부터 잘하는 것이니까 굳이 노력할 필요를 못 느끼는 것이지요. 아이의 재능과 함께 노력을 칭찬하세요. "넌 음악적 재능이 뛰어난 데다, 꾸준히 연습해서 실력이 더욱 좋아졌구나"처럼, 아이가 기울인 노력에 대한 인정을 잊지 말아야 합니다.

아이를 인정하는 말은 구체적일수록 좋습니다. 구체적인 칭찬은 아이가 어떤 부분을 잘했는지 명확하게 이해하도록 돕고, 그 행동을 지속하거나 더욱 발전시키려는 의지를 키워 줍니다. 예를 들어, 단순히 "잘했어"라고 말하기보다 어떤 행동이나 노력을 구체적으로 짚어 주며 칭찬합니다. "스스로 정리 정돈을 잘해서 방이 깨끗해졌네, 정말 대단해" 또는 "인터넷과 책을 이용해 자료를 꼼꼼히 조사하고, 보기 쉽게 발표 자료까지 만들어 냈구나. 그래서 멋진 발표가 되었어"처럼 구체적으로 표현해 보세요. 이런 칭찬은 아이에게 더 큰 자신감을 심어 주고, 자기 발전에 대한 의지를 북돋아 줍니다.

아이를 제대로 인정하는 칭찬하기		
1	"왜 이렇게 못했어? 집중을 안 하니까 그렇잖아"라며 비난하기	→	"어려워도 끝까지 포기하지 않고 해냈구나"라며 노력을 인정하기
2	"그 정도는 누구나 해"라며 단정 짓기	→	"정말 열심히 노력했구나. 대단해"라며 과정을 인정하기
3	"넌 원래부터 음악적 재능이 뛰어나"라며 재능을 칭찬하기	→	"넌 음악적 재능이 뛰어난 데다, 꾸준히 연습해서 실력이 더욱 좋아졌구나"라며 재능과 함께 노력을 칭찬하기
4	"잘했어"라며 모호한 칭찬하기	→	"스스로 정리 정돈을 잘해서 방이 깨끗해졌네, 정말 대단해"라며 구체적으로 칭찬하기

아이는 가정에서 반드시 인정받아야 합니다. 부모는 아이가 유능하고 소중한 존재임을 믿고, 아이의 인정 욕구를 채워 주는 역할을 해야 합니다. 아이를 따뜻한 시선으로 바라보고, 일상 속 사소한 일에서도 칭찬할 부분을 찾아보세요. 지적하거나 평가하는 말보다는 칭찬하고 인정하는 말을 해 줄 때, 아이는 훨씬 더 긍정적으로 반응합니다. 부모의 인정은 아이가 긍정적인 자아 개념을 형성하는 데 중요한 역할을 합니다. 이는 아이가 자신감을 바탕으로 가정 밖에서도 자신의 잠재력을 발휘하고, 우수한 성과를 이루게 하는 밑거름이 됩니다.

04 아이를 기다리고 끝까지 믿어라

부모의 기다림이 아이를 스스로 자라게 한다

아이가 아기였을 때가 떠오릅니다. 시간이 참 느리게 갔어요. 이유식은 언제까지 끓여야 하나 푸념했지만, 화가 나지는 않았습니다. '언젠가는 밥을 먹겠지' 하고 여유롭게 생각했어요. 아이가 준비될 때까지 그저 기다렸지요.

첫걸음을 뗄 때는 조금 달랐습니다. 처음엔 느긋하게 기다렸지만, 돌 즈음이 되면서부터 조급한 마음이 들기 시작했어요. 그땐 대부분의 아이들이 걷는다는데, 만 15개월이 되어도 발을 떼지 않는 아이를 보며 초조해졌습니다. 인터넷에서 정보를 찾아보다가 '만 18개월까지는 기다려 보라'라는 글에 위안을 삼으며 버텼죠. 결국 아이는 또래보다 늦게 걷기 시작했어요. 참 불안하고 초조한 나날이었습니다.

그런데 아이가 초등학교에 들어가니, 불안감은 더욱 커졌습니다. 옆집 아이는 수학 선행 학습을 하고, 뒷집 아이는 영어를 원어민처럼 한다는데, 우리 아이만 뒤처지는 것 같았어요. 우리 아이는 한 자릿수 덧셈 학습지 한 쪽을 푸는 데도 30분이나 걸리고, 한자리에 앉아 10분 이상 집중하는 것조차 힘들어하니, 초조함은 점점 커져만 갔습니다.

우리나라처럼 경쟁이 치열한 사회에서, 학부모로서 이런 불안을 느끼는 건 어쩌면 당연한 일인지도 모르겠어요. 부족함 없이 자라는 내 아이가 이왕이면 공부도 잘하고, 친구한테 인기도 많고, 선생님께도 최고라고 인정받는다면 얼마나 뿌듯하고 행복할까요. 하지만 자꾸 같은 반의 잘하는 아이, 이른바 '엄친아'와 내 아이를 비교하게 되고, 그럴수록 불안과 조급함이 더 커지는 것 같아요.

이제는 비교의 굴레에서 벗어나 불안에서 자유로워져야 합니다. 아무리 명성이 높고 돈이 많은 사람이라도, 비교의 틀에 갇히면 현실을 부정적으로만 바라보게 되며, 내가 아닌 다른 사람을 기준으로 삶을 평가하게 됩니다. 그 과정에서 스스로 상처를 받고, 자신의 모습을 초라하게 느끼게 될 뿐입니다. 특히, 소중한 나의 아이를 다른 아이와 비교하는 것은 아이의 존재를 부정하는 것과 같습니다. 비교 속에서 자란 아이는 안타깝게도 성인이 되어도 끊임없이 자신을 타인과 비교하며 증명하려 합니다. '남들보다 뒤처지면 어쩌지?' '난 별 볼 일 없는 사람이야'라는 부정적인 생각은 아이의 자기 정체성을 흔들고, 자신감을 잃게 합니다.

심리학자 칼 로저스(Carl Rogers)는 '사람은 누구나 자신의 행동에 책임을 지고 성장하려는 목적 지향적인 특성이 있다'고 말했습니다. 그는 이를 '자아실현 경향성(self-actualizing tendency)'이라고 불렀습니다. 로저스는 자신을 믿는다면, 그 믿음을 바탕으로 자신의 능력을 끝없이 발전시키고 더 나은 방향으로 나아갈 수 있다고 강조했지요.

로저스는 부모의 기대가 아이에게 큰 영향을 미친다고 했습니다. 부모가 아이를 조건 없이 사랑하고 받아들일 때, 아이는 자신의 가치와 소중함을 깨닫고 자아실현을 위한 동기를 가질 수 있다고 했습니다. 또한, 아이가 감정과 욕구를 자연스럽게 표현할 수 있는 환경을 만들어 주어야 한다고 강조했어요. 부모가 아이에게 꾸준히 따뜻하고 긍정적인 관심을 보여 준다면, 아이는 자신의 잠재력을 마음껏 펼치며 성장할 수 있고, 그런 아이는 미래지향적이고 건설적인 삶을 살아가게 된다고 이야기했습니다.

아이는 부모에게서 어떤 조건도 없이 사랑받으며 성장해야 할 존재입니다. 아이를 믿고 기다려 주세요. 동백꽃이 겨울에 피어나듯, 아이도 자신만의 때에 맞추어 꽃을 피울 것입니다. 지금은 산만해 보이는 아이도, 자기만의 속도로 차츰 발전하며 집중력 있는 아이로 자라날 것입니다. 아이는 부모와 함께 생활하며 자아 개념을 형성합니다. 부모를 통해 자유와 책임의 의미를 배우고, 삶의 중요한 가치들을 깨닫게 되지요. 아이는 삶의 기준을 외부가 아닌 자신 안에서 찾아야 합니다. 스스로에게 '나는 누구일까?' '나는 어떻게 살아야 할까?'를 물으며 답을 찾아가야 합니다. 비록 남들보다 더디고 조금 느릴지라도, 아이의 잠재력을 믿고, 스스로 성장해 가는 모습을 지켜봐 주세요.

아이를 믿고 기다리는 부모가 되기

엄마와 아이의 발을 맞대 본 적 있나요? 예닐곱 살 아이의 작은 발은 20cm도 채 되지 않지요. 엄마가 한 발짝 내딛는 동안, 아이는 두 발짝을 바삐 움직여야 엄마 걸음을 따라갈 수 있습니다. 어른과 아이의 속도는 이처럼 확연히 다릅니다. 그래서 부모는 아이를 어른의 기준으로 평가하지 말고, 아이의 속도와 눈높이에 맞추어 교육해야 합니다.

아이가 두 발로 걷게 되었다고 해서 바로 자전거를 탈 수는 없습니다. 먼저 보조 바퀴가 달린 자전거를 능숙하게 타고 난 뒤에야 두발자전거를 시도할 수 있습니다. 처음 아이가 두발자전거를 탈 때 엄마는 뒤에서 자전거를 꼭 잡아 줍니다. 아이가 균형을 잡기 시작하면, 엄마는 조심스럽게 손을 놓지요. 그리고 속으로 생각합니다. '너는 이제 혼자 탈 수 있어'라고요.

아이가 자전거 타는 법을 천천히 배웠듯이, 혼자 할 수 있는 일들도 하나씩 늘려 가야 합니다. 때로는 서툰 결과가 나오더라도, 아이가 넘어지고 부딪히며 직접 경험하고 문제를 해결해 봐야 합니다. 예를 들어, 방 청소를 아이가 하기로 했다면 "넌 할 수 있어"라고 격려하며 기다려 주세요. 그 결과가 엄마 마음에 100% 들지 않더라도, "그냥 엄마가 해 줄게"라며 아이의 일을 대신 해 버리면, 아이는 책임감이나 문제 해결 능력, 그리고 스스로 정보를 처리하는 방법을 배울 수 없습니다. 아이가 시행착오를 거치며 성장하리라는 믿음으로 서툰 손길도 너그러이 바라봐 주세요.

아이가 집중해서 숙제를 해야 할 때도 부모의 조급함을 내려놓으세요. 5분이면 끝날 것 같은 숙제가 아이에게는 50분이 걸릴 수도 있습니다. "아직도 못 했어? 빨리빨리 해!"라고 재촉하면, 아이는 초조함을 느끼고 자신이 뭔가 잘못하고 있다는 생각에 위축될 수 있습니다. 시간 안에 반드시 끝내야 하는 긴급한 일이 아니라면, "시간이 부족했니? 언제쯤 끝날 것 같아?"라고 물으며 아이가 자신의 속도로 마무리할 수 있게 격려합니다.

아이를 키우다 보면 어른의 눈으로 볼 때 답답하게 느껴지는 순간이 한두 번이 아니지요. 2학년이면 대부분 외우는 구구단을 더듬더듬 대답하는 아이를 보면 속이 터집니다. 신발 끈 묶는 방법을 몇 번을 가르쳐도 자꾸 잊어버려요. 아이라 그렇습니다. 손도 덜 여물고 뇌도 덜 자랐기 때문입니다. 그러니 "이 쉬운 것도 몰라?"라고 다그치지 말고, 아이의 가능성을 믿고 좀 더 기다려 주세요. "연습하면 다음에 더 잘할 수 있어"라며 아이를 응원해야 합니다. 아이가 포기하지 않는 한, 자기만의 속도로 꾸준히 노력하며 한 계단씩 발전해 나갈 것입니다.

부모는 아이가 잘되었으면 하는 마음에 불안을 섞어, 아이의 잠재력이 기지개를 켜기도 전에 꿈을 미리 정해 버리곤 합니다. "넌 의사가 되어야 해!"라고 단정 짓고, 부모의 꿈을 강요하며 아이의 길을 계획해요. 의사가 되려면 영어와 수학을 선행 학습으로 채워야 한다며 세세한 로드맵까지 짜는 모습은, 해바라기 싹이 나온 아이에게 "넌 연꽃이야!"라며 연못으로 떠미는 것과 다를 바 없습니다. 아이의 미래는 불 보듯 뻔합니다. 부모의 조급함은 아이를 자라지 못하게 하고, 어떤 꽃도 피우지 못하게 만듭니다.

아이에게 "네가 잘하고 좋아하는 일을 찾아봐"라고 말하며 스스로 진로를 탐색할 기회를 주세요. 아이가 방향을 찾는 동안 지켜봐 주고, 도움을 요청할 때 아낌없이 지원해 주는 것으로도 충분합니다. 아이가 자신의 길을 찾을 수 있도록 넉넉한 마음으로 기다려 주세요.

	아이를 믿고 기다리는 부모가 되기		
1	"그냥 엄마가 해 줄게"라며 대신해 주기	→	"넌 할 수 있어"라고 격려하며 기다리기
2	"아직도 못했어? 빨리빨리 해!"라며 재촉하기	→	"시간이 부족했니? 언제쯤 끝날 것 같아?"라며 도와주기
3	"이 쉬운 것도 몰라?"라며 다그치기	→	"연습하면 다음에 더 잘할 수 있어"라며 응원하기
4	"넌 의사가 되어야 해"라며 단정 짓고 강요하기	→	"네가 잘하고 좋아하는 일을 찾아봐"라며 스스로 탐색할 기회 주기

부모는 아이에게 "기다려"라는 말을 습관처럼 합니다. 설거지하는 부모 뒤에서 아이가 뭔가 말하려고 하면 "기다려", 제멋대로 뛰어가는 아이에게도 "기다려", 화가 나 엉엉 울고 있는 아이에게도 "기다려"라고 말합니다. 어쩌면 그렇게 기다리라는 말을 듣고 자란 아이들이, 부모보다 더 인내심이

높을지도 모르겠습니다. 그런데 정작 부모는 아이의 속도를 인정하고 기다려 준 적이 있었을까요? 아이에게 기다리라고 했던 만큼, 부모도 아이를 기다릴 준비가 되어 있었는지요? 이제 그 말을 아이가 아닌 자신에게 돌려 보세요. "엄마, 아빠가 언제까지나 기다리고 믿어 줄게"라는 마음으로, 아이가 자신의 속도대로 성장할 수 있도록 여유를 가져 보세요.

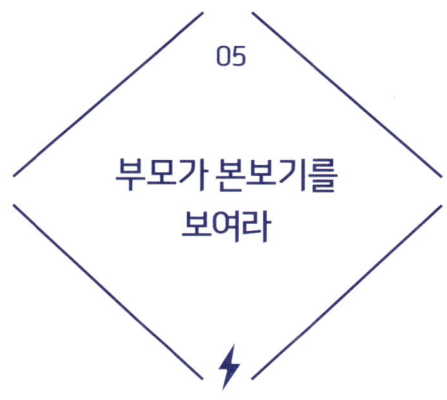

05 부모가 본보기를 보여라

가장 큰 교육의 효과는 본보기

"얘야, 똑바로 걸어라."

엄마 게가 아기 게에게 말했습니다. 앞으로 걷지 않고 옆으로 걷는 아기에게 주의를 주는 것입니다. 그런데 정작 엄마 게도 옆으로 걷고 있습니다.

이 이야기는 이솝 우화에 등장하는 '엄마 게와 아기 게'에 나오는 내용입니다. 엄마 게는 한 번도 아기에게 앞으로 걷는 모습을 보여 준 적이 없으면서, 아기에게 앞으로 걸으라고 합니다. 그러나 아기 게는 본 대로 걸을 뿐입니다. 늘 옆으로 걷는 엄마를 봐 왔기에 앞으로 걷는 방법을 배울 수 없었습니다.

이처럼 아이 교육의 절대적인 본보기는 부모입니다. 아이는 부모가 하는 것을 보고 그대로 따라 하려는 본능을 가지고 있습니다. 엄마가 자주 쓰는 어휘를 따라 하고 아빠처럼 숟가락을 듭니다. 말투, 걸음걸이, 식습관 등 신기하리만치 부모를 닮아 가지요.

아이들은 본 대로 행동합니다. 매일 스마트폰을 손에서 놓지 않는 엄마를 보며, 아이는 '스마트폰을 하지 말아야지'가 아니라 '나도 해야지'라고 생각합니다. 엄마가 스마트폰을 하면서 "스마트폰 좀 그만 봐!"라고 말한다면, 아이는 이해되지 않습니다. '엄마는 맨날 하면서 왜 나만 못 하게 하지?'라는 생각에 억울함을 느낍니다.

슈바이처 박사는 성공적인 자녀 교육법에 대해 이렇게 말했습니다. "첫째도 본보기요, 둘째도 본보기요, 셋째도 본보기이다." 이 말처럼, 아이는 부모의 거울입니다. 부모가 비만이면 아이도 비만이 될 확률이 높고, 부모가 스마트폰에 중독되면 아이도 스마트폰 중독에 빠질 가능성이 큽니다. 반대로, 규칙적인 생활을 유지하는 부모 밑에서 자란 아이는 자연스럽게 규칙적인 생활을 익히고, 책을 읽는 부모를 보고 자란 아이는 힘들이지 않고 독서하고 공부합니다.

부모는 아이에게 최고의 역할 모델입니다. 부모가 솔선수범하는 모습을 보일 때, 부모의 감정, 말, 행동, 생각은 자연스럽게 아이에게 스며듭니다. 이것은 아이의 성격, 자존감, 인지 능력에 큰 영향을 미치지요. 특히, 부모는 자신이 한 말을 지키고, 말과 행동이 일치하도록 해야 합니다. "정직하게 살아라"라고 말하면서 거짓말을 하거나, "친구에게 욕하지 마"라고 하면서 자신은 욕을 한다면, 아이는 부모를 온전히 믿기 어려워집니다. 부모가 먼저 정직하고 올바르게 행동하며 고운 말을 사용하는 모습을 보여 주세요. 부모가 먼저 모범을 보여야 훈육도 통합니다.

아이를 변화시키는 건 백 마디 말보다 부모의 행동입니다. 아이에게 바라는 가치관이나 태도가 있다면, 먼저 그렇게 행동하세요. 아이는 늘 부모를 관찰하고 있다는 걸 잊지 마세요.

부모도 함께 집중력 단련하기

책의 전반에서 아이의 집중력 단련 방법을 소개했습니다. '몸, 머리, 마음, 환경'으로 요소를 나누어 최적의 지원을 부탁드렸어요. 아이가 충분히 잠을 자고, 규칙적으로 운동하며, 건강한 식습관을 유지하면 집중력에 에너지를 쏟을 수 있는 몸이 만들어집니다. 아이가 자기 자신을 객관적으로 파악하면, 자신이 잘하고 좋아하는 일을 발견해 몰입의 즐거움을 느낄 수 있게 되고요. 또한 이야기책 읽기, 약간 어려운 것에 도전하기, 싫어하는 일에도 집중하기 등을 실천하면 뇌의 집중력이 올라간다고 언급했지요. 그리고 현명한 스마트폰 사용, 방 정리, 일의 우선순위를 정하는 습관 들이기를 통해 집중력이 폭발하는 환경을 조성하자고 했습니다.

이 모든 방법은 단순히 아이에게만 해당하는 것이 아닙니다. 부모도 이 방법들을 자신의 삶에 적용해 볼 수 있습니다. 부모도 집중력 단련법을 활용하여 주의력을 높이면, 자연스럽게 아이에게 좋은 롤 모델이 될 수 있습니다. 아이를 위해 제안했던 내용을 스스로에게도 적용하고, 하나씩 실천하며 긍정적인 변화를 만들어 보세요.

아이의 집중력을 높이기 위해 규칙적인 생활이 필요한 만큼 부모도 일관된 루틴을 유지하세요. 일찍 자고 일찍 일어나 아이들의 아침을 산뜻한 기분으로 챙겨 주세요. 충분한 잠과 편안한 휴식은 필수입니다. 아이는 일어났는데 부모는 잠들어 있다면 생활 패턴을 조정해야 합니다. 아이의 등굣길에 "오늘 하루도 즐겁게 보내" 등 긍정적인 말을 건네 보세요.

아이의 균형 잡힌 식사를 챙기는 만큼 자신의 식사에도 신경을 쓰며 건강하게 식사하세요. 아이를 돌본다는 이유로 식사를 거르지 말고 아이와 함께 밥을 먹습니다. 식사 시간을 대화 시간으로 활용한다면 일석이조입니다. 영양소가 골고루 들어 있는 음식을 먹으며 아이에게 학교에서 있었던 일이나 관심 있는 것들에 대해 물어보세요. 부모도 요즘 회사에서 있었던 일이나 관심사를 공유하며 도란도란 이야기를 나누세요. 아이는 식사 시간에도 부모의 식사 습관, 대화하는 태도 등을 끊임없이 관찰하며 배웁니다.

무분별한 스마트폰 사용으로 아이에 대한 걱정이 많은 부모라면 자신의 스마트폰 사용 습관을 먼저 점검하세요. 자신도 모르게 틈만 나면 유튜브를 켜거나 메시지를 확인하고 있을지 모릅니다. 부모가 스마트폰 사용을 줄이고 스스로 잘 관리하는 모습을 보여 주면, 아이도 자연스럽게 올바른 사용 습관을 배우게 됩니다. 식사 시간에 스마트폰 보지 않기, 잠자기 전에 스마트폰 대신 책 읽기 같은 것부터 실천해 보세요. 이런 작은 변화만으로도 아이의 스마트폰 사용 습관이 점차 나아질 수 있습니다. 집중력 저하, 기억력 감퇴 등의 스마트폰 부작용은 비단 아이에게만 영향을 주지 않습니다. 부모도 건강한 뇌를 위해 스마트폰을 현명하게 사용하세요.

부모라면 누구나 아이가 자립심을 키우고 자신만의 길을 개척하며 성장하기를 바랍니다. 아이가 좋아하고 잘하는 일을 찾아 몰입하며 성공하기를 원하실 거예요. 어떤 일을 하든 불평하지 않고 역경을 이겨 내며 긍정적으로 살아가길 바라는 마음도 크겠지요. 그런 모습은 정말 멋지고 자랑스러운 일이지요.

그렇다면 여러분이 먼저 그런 멋진 모습을 아이에게 보여 주세요. 부모가 스스로 노력하고, 자신의 일에 몰두하는 모습을 보이면 아이도 자연스럽게 부모를 닮습니다. 회사에서 열정을 다하는 모습, 집을 쾌적하게 유지하고, 건강을 위해 운동하며, 꾸준히 책을 읽는 습관처럼 목표를 이루기 위해 노력하는 모습을 아이에게 보여 주세요.

이렇게 노력하는 부모를 보며 자라는 아이는 삶의 나침반을 만납니다. 존경하는 사람, 닮고 싶은 사람 1위는 바로 '부모'가 됩니다.

	부모도 함께 집중력 단련하기		
1	불규칙적인 생활	→	규칙적인 생활
2	자신의 식사 소홀히 하기	→	영양소를 갖춘 균형 잡힌 식사
3	무분별한 스마트폰 사용	→	절제하는 스마트폰 사용
4	아이의 집중력 향상에만 몰두하기	→	자신의 집중력 단련으로 모범 보이기

학교 앞 횡단보도에서 빨간불을 무시하고 아이와 함께 건너는 엄마를 본 적이 있습니다. 며칠 뒤, 그 아이는 엄마 없이도 정지 신호를 무시한 채 주변을 대충 살피고 재빠르게 뛰어가더군요. 이 잘못된 행동의 책임은 누구에게 있을까요? 아이는 단지 본 대로 행동했을 뿐입니다. 이 상황을 반대로 생각해 봅시다. 만약 아이가 좋은 말과 올바른 행동, 그리고 자기 일에 최선을 다하며 집중하는 모습을 부모에게서 보고 배운다면 어떨까요? 답은 명확합니다. 부모가 먼저 자신의 행동을 바꾼다면, 잔소리를 하지 않아도 아이는 자연스럽게 그것을 보고 배우며 올바르게 성장할 것입니다. 부모의 행동이야말로 최고의 교육입니다.

☑ PART 3 핵심 정리

환경 서포트	정서 서포트
• 조금 부족한 듯 키우기 • 일관성 있는 규칙 고수하기 • 집중력 최적화 환경 만들기 • 적절한 보상 활용하기 • 아이의 휴식을 허락하기	• 아이의 정서를 먼저 살피기 • 경청과 참여를 부르는 대화하기 • 인정하는 말 건네기 • 아이를 기다리고 믿기 • 부모가 본보기를 보이기

전문의 상담실 4

⚡ **시험 기간이 되면 오히려 집중력이 떨어지고 스트레스를 많이 받아요. 집중력 향상에 멘탈 관리도 중요한 걸까요?**

그럼요! 흔히 말하는 '몸 튼튼 마음 튼튼'이라는 말에 순서를 매긴다면 저는 '마음 튼튼 몸 튼튼'이 되어야 한다고 말하고 싶어요. 제가 정신과 의사여서 그런지 몰라도, 튼튼한 마음은 삶의 가장 중요한 기초라고 생각합니다. 흔히 '멘탈'이라고 부르는 우리의 정신 상태에는 인지(생각)와 정서(기분)라는 두 기둥이 있습니다. 주의력과 집중력은 '인지'로 볼 수 있고요, 스트레스, 불안, 우울, 걱정 같은 것들은 '정서'로 볼 수 있습니다. 이 둘의 관계는 닭이 먼저냐 달걀이 먼저냐 하는 것과 같습니다.

기분이 좋고 다른 걱정거리가 없을 때는 주의력과 집중력을 발휘하기 쉽습니다. 반대로 주의 집중력이 떨어지면 그런 내 모습을 바라보면서 속상하고 우울할 수 있겠죠. 시험이라는 걱정거리가 있으면 집중력이 떨어지고 스트레스를 받을 수 있어요. 그럴 때 순식간에 집중력을 확 끌어올릴 수 있는 확실한 방법이 있을까요? 먼저 마음(정서)을 안정시키려고 노력해 보세요.

마음이 불안정하고 혼란스러울 때에는 집중(인지)이 잘 안 되기 때문에 최대한 마음을 평안하게 안정시키는 걸 목표로 삼으세요. 이것이 멘탈 관리이고, 멘탈 관리를 잘하면 어떤 상황에서든 집중력을 발휘할 수 있습니다.

그러나 불안한 마음을 평안하게 만드는 멘탈 관리가 쉽지는 않습니다. 여기에는 기초 체력과 같은 원칙이 적용되는데요. 어떤 상황에서든 튼튼한 체력을 발휘하려면 평상시에 틈틈이 체력 단련을 해 놔야 하잖아요. 마음의 체력(안정감)도 마찬가지입니다.

평상시에 멘탈 관리를 잘 못 했다고요? 그래도 괜찮아요. 이제부터 하면 됩니다. 우리에게는 몸과 마음의 연결 고리에 대한 이해가 있으니까요. 천천히 심호흡을 하면서, 내 마음속을 가만히 들여다봅니다. 혹시 엄청나게 조급해하고 동동거리는 내가 보인다면, 불안해하는 친구를 달래듯 나를 살살 달래 주세요. '아무래도 안 될 거 같다'면서 미리 움츠러드는 내 자신이 보인다면, '괜찮다'고, '한번 해 보기만 하자'면서 격려해 주세요.

이번에는 너무 욕심부리는 내가 보인다고요? 잘해야만 한다고 짜증 내는 내가 보이나요? 그런 나에게도 한결같이 토닥토닥해 주면 됩니다. 만약 아직 자기 객관화가 잘 안 되어서 내가 나 자신을 가만히 바라보거나 달래는 걸 잘 못 하는 아이라면 부모님이나 어른이 대신 해 줄 수도 있어요. 그러면서 아이들은 배우는 거죠. '천천히 조금씩 하면 된다' '내 마음을 내가 조절할 수 있다'는 사실을 하나씩 알아 가면서 집중력을 되찾을 수 있습니다.

⚡ 집중력 향상을 위해 정서적 안정과 부모와의 대화가 중요하다지만, 사춘기 아이가 대화를 거부할 땐 어떻게 해야 할까요?

많은 부모님들이 "말을 해야 마음이 어떤지 알지, 방문 쾅 닫고 들어가 아무 소리 안 하고 있는데 제가 아이 마음을 어떻게 알겠어요?"라고 합니다. 그건 맞는 말이죠. 저 역시 종종 사용하는 말입니다. "저는 정신과 의사이지 독심술사가 아니기 때문에, 말씀을 해 주셔야 제가 이해하고 도울 방법을 찾을 수 있어요. 쉽지 않으시겠지만 마음속에서 튀어 올라오는 말들이 있다면, 정리가 안 되어도 괜찮으니까 속에 있는 말을 꺼내 보시겠어요?" 저는 이렇게 말하고 나서 묵묵히 기다리기를 시작합니다.

뭔가 하라는 조언을 드리면 대부분의 부모님들이 잘 실천합니다. 예를 들어 "사랑한다고 말해 주세요, 맛있는 걸 해 주세요, 머리를 쓰다듬어 주고 어깨를 토닥거려 주세요" 같은 것들이지요. 뭔가 하지 말라는 조언도 그럭저럭 잘 실천합니다. 예를 들어 "소리 지르지 마세요, 용돈으로 협박하지 마세요" 같은 것들이지요. 그런데 "기다려 주세요"라고 하면 다들 많이 어려워합니다. '말을 안 하고 있는데 기다리라니?' '빨리 말을 하게 해야 하는 것 아닌가?'라고 생각하며 초조해하지요.

대화를 거부하고 있는 사춘기 아이에게는 자기 나름의 이유가 있을 겁니다. 엄마 아빠는 기억조차 못 하는 어떤 사건을 이유로 말을 안 하고 있을 수도 있고요. 부모님과는 아무런 상관없이 그냥 말하고 싶지 않다든가, 학교에서나 친구와 있었던 일 때문에 말할 기운이 없어서 그럴 수도 있어요.

그럴 때 부모님이 잘 기다려 주면 아이들은 다시 돌아옵니다.

기다려 줄 때 꼭 기억해야 할 점이 있어요. 엄마 아빠 역시 아무 말도 안 한 채 기다리면 안 된다는 거예요. 아이들은 엄마 아빠가 화가 났는지, 벼르고 있는 건지, 아니면 자신에게 아예 관심이 없는 건지 알 수가 없어 혼란스러워하거든요. 그래서 부모님이 기다리고 있다는 표시는 해 주시는 게 좋습니다. 이럴 때 유용한 말하기 방법이 나-메시지(I-message)입니다. 예를 들어, "네가 3일째 이야기를 안 하고 있으니까 엄마 아빠가 좀 걱정되어서 그래. 엄마 아빠는 언제까지나 기다릴 테니까 네가 말하고 싶을 때 이야기해 주면 좋겠어"라고 하면 됩니다.

여기에서 중요한 부분은 '엄마 아빠가 좀 걱정되어서'입니다. '내' 감정이 어떤지, 나-메시지로 이야기를 하는 거죠. "너 도대체 왜 아무 말 없이 인상 쓰고 있는 건데?" 같은 이야기는 너-메시지(You-message)라서 상대방을 비난하거나 공격하는 느낌을 줄 수 있어요. 더 구체적인 내용은 『비폭력 대화(마셜 B 로젠버그 저)』라는 책을 참고하시면 좋겠습니다.

이런 이야기를 꺼내는 것조차 어려운 상황이라면, 메모지에 손 글씨를 써서 전할 수 있고, SNS DM이나 스마트폰 문자를 이용할 수도 있을 겁니다. 중요한 건 '엄마 아빠가 늘 기다리고 있고, 우리는 네 편'이라는 내용을 전달하는 것이랍니다. 기다리다가 지치면 또 메시지를 보낼 수 있는데, 이 경우 아이들에게 재촉하거나 비난하는 것으로 전달되지 않도록 주의하는 것이 좋습니다.

나가는 글

아이의 집중력은 자라고 있습니다

"집중 좀 해!"

수학 문제집 한쪽에 공주를 그리고 있는 딸을 발견했습니다. 수학 문제를 풀라고 했더니 식을 써놓기는커녕 낙서만 잔뜩 하고 있었어요. 부글부글 화가 났습니다. 겨우 네 문제를 푸는 데, 한 시간씩이나 걸렸어요. 분명 딴 데 정신이 팔려서 그런 것 같습니다. 정답조차 제대로 맞히지도 못했습니다.

"엄마, 이 문제들이 너무 어려워요."

아이는 그제야 솔직하게 말합니다. 엄마한테 혼날까 봐 문제를 푸는 척하고 있었지만 자기 수준에 맞지 않는 수학 문제 때문에 머리가 하얘져 버린 것이죠. 뭐라도 끄적이며 버티고 있었던 거예요. 집중하고 싶어도 집중할 수 없었습니다.

아이가 집중하지 않는다고 다그치기보다 아이의 주변을 둘러보세요. 아이가 집중할 수 있는 환경이 뒷받침되어 있는지 먼저 점검해야 합니다. 집중하지 않으면서 집중하는 척만 한다고 아이를 의심하지 마세요. 다른 아이와 비교하여 느리다고, 평균에 못 미쳐 버벅댄다고 판단하고 낙인찍지 마세요. 누구보다 한껏 집중하고 몰입해서 즐겁게 공부하고 신나게 놀고 싶은 것은 바로 아이들입니다.

아이는 스스로 배움을 통해 성장하고 싶어 하는 존재입니다. 그 성장의 속도는 어른이 기대하는 것과는 거리가 있을 수 있어요. 어른의 눈에는 아이의 집중력이 부족해 보입니다. 하지만, 아이의 키가 서서히 자라는 것처럼 아이의 집중력도 저만의 리듬으로 자라고 있습니다. 생김새도 성격도 이 세상에 똑같은 사람이 없듯이 아이의 성장 속도는 제각기 다릅니다. 부모는 마음의 여유를 가져야 합니다. 아이의 1년 전, 한 달 전의 모습과 비교하여 부쩍 자라난 집중력을 바라봐 주세요. 지금 아이의 집중력은 부족한 것이 아니라, 아직 덜 여문 것입니다.

부모는 아이의 집중력 부족을 문제점으로 바라보지 말고 성장의 과정으로 바라봐야 합니다. 아이의 정서와 인지 발달을 찬찬히 관찰하고, 그에 맞는 지원과 격려를 아끼지 말아야 합니다. 부모의 믿음과 기다림은 아이의 마음에 안정을 찾아 주고, 집중력이 자라날 건강한 토양이 됩니다. 그다음에 집중력을 더 크게 키우는 건 오롯이 아이의 몫입니다. 자신만의 집중할 수 있는 힘을 기른 아이는 세상의 무대에서 자신감을 장착하고 우뚝 설 수 있습니다. 집중력은 아이를 삶의 주인으로 이끌고, 미래를 바꾸는 힘입니다. 그 소중한 성장의 길에, 부모님의 믿음과 실천이 함께하길 바랍니다.

우리 아이 집중력이 흔들리고 있다

공부와 일상을 넘어 삶의 주인공이 되는 집중력 단련법

초판 1쇄 펴냄 2025년 7월 11일

지은이 박은선 | 감수 문지현

펴낸이 고영은 박미숙
펴낸곳 뜨인돌출판(주) | 출판등록 1994.10.11.(제406-251002011000185호)
주소 10881 경기도 파주시 회동길 337-9
홈페이지 www.ddstone.com | 블로그 blog.naver.com/ddstone1994
페이스북 www.facebook.com/ddstone1994
대표전화 02-337-5252 | 팩스 031-947-5868

편집이사 인영아 | 디자인 이기희 이민정 | 마케팅 정원식 | 경영지원 김은주
외부편집 정유나 | 외부디자인 디자인서가

ⓒ 2025 박은선, 문지현

ISBN 978-89-5807-068-9 (03590)